文春文庫

肉とすっぽん

日本ソウルミート紀行

平松洋子

文藝春秋

はじめに

うまい肉を嚙みしめるとき、歯と歯のあいだから迸《ほとばし》る肉の味を受けとめながら、制御しがたい悦びが駆け抜けて一瞬くらっとすることがある。ただ味覚が弾んでいるのではない。それは、いま確かに猛々しい生きものと親しく結び合っている名状しがたいナマの感覚だ。

いっぽう、この問いが頭から離れたことはない。

なぜ肉を食べるのだろう。

雑食動物である人間はそもそも狩猟と採集によって生き長らえてきたし、狩猟によって手にした肉を食べることは、自然と一体化した持続可能な行為のひとつだったはずだ。それは、動物と共存するための方法でもあっただろう。

ところが、いま肉を食べるという行為には、多様な課題がつきまとう。もっとも大きな問題として挙げられるのが、地球環境の保護だ。たとえば、牛の口から発せられるメタンガスが地球温暖化を促しているという議論、フードマイレージがおよぼす環境への負荷の問題、飼料に使われる穀物の量が人間の食料を奪う可能性、あるいは、動物福祉や動物の権利についての視点もおざなりにはできない。健康面に目を向ければ、肉食と菜食との関係、栄養バランス、生活習慣病などの複雑な状況がみえてくる。また、宗教や倫理観、生命観、個々のアイデンティティも絡んでいるだろう。狩猟と採集によって生命を繋いでいた時代から、私たちは遥か遠くの地点まで運ばれてきた。

こんな話を聞いたことがある。肉食がヒトの進化を促したというのだ。植物の消化には時間とエネルギーが必要とされるから、草食動物の消化管は大きく胴部が長い。しかし、肉をはじめエネルギー量の高い食事を摂ることによって消化管が縮小され、脳容量が増して脳の発達をみた。そのために、ヒトはいっそうエネルギー効率のいい食物、つまり肉を手に入れるようになったという話。ヒトが進化するために要請された食べものが肉だったというわけだ。もちろん、人類が火を使うようになり、加熱した食料を食べ始めたことによって消化のエネルギー効率はもっと上がっただろう。肉の分配と贈与が社会構造や性差などに影響をおよぼしたことも容易に想像できる。肉を食べることは、きわめて社会的な行為でもあった。

肉を食べる意味の根源を探りたくて、まず、ひとつの文化として肉をめぐる諸相を捉えることから始めようと考えたのが、本書の出発点である。畜産された肉にも、狩猟による肉にも、人間の知見が大きく関わっている。畜産肉には飼育やと畜にいたるまで生産の過程のすべて、狩猟肉には動物を獲るために培われた技術や経験のすべて、いずれも豊かで奥深い。また、かつて捨てられていた内臓の細部にこまごまとした名前を与えてむだなく生かし、価値を生みだす仕事には、人間のしぶとさと知恵を感じる。ありったけの知識や経験値をもってそれぞれの生きものと向き合うことが、いま人間がなし得る動物との共生の手立てであり、そこに醸成されたものが文化の様相だと思うのである。気候風土によって育まれ、土地に根ざした肉と人間のリアルな姿に近づくと、目からウロコが落ちるような発見がたくさんある。畑を荒らす猪を害獣と捉えるのではなく、貴重な資源と考えて過疎の町を活性化させた島根県・美郷《みさと》町の試みは、社会の再編成や人間の生き方のヒントにあふれていた。各地で出会った肉はいつもソウルフル、だからソウルミートだ。

古来から人間は、「食べて生きる」という命題に向き合いながら生きてきた。魚介であっても、野菜や木の実であっても、動物であっても、それらはみな等しく「食べて生きる」ことの意味を問いかけてくる。

日本各地の魅力的なひとびとを訪ねながら、さまざまな動物とその肉について、見て、聞いて、食べて、自分の手でつかんだ言葉がふたつある。

肉にも「旬がある」。

うまい肉は「つくられる」。

目次

写真　鈴木　七絵
　　　榎本　麻美(P177)

肉とすっぽん

日本ソウルミート紀行

初出：「オール讀物」二〇一六年三月号〜二〇一八年六月号
10章・鯨編は単行本刊行時の書き下ろしです。
肩書や年齢、各種の数字は取材当時のものです。

単行本　二〇二〇年七月　文藝春秋刊

1章　羊――北海道・白糠　羊男たち一万年のロマン

初めて羊に親しみを覚えたのは、小学生のときだ。眠れない夜、布団のなかで魔法の言葉を一生懸命に唱えた。誰に教えてもらったのかは思い出せない。

「ひつじが一匹、ひつじが二匹……」

もこもこの羊が一匹ずつ増えてゆく光景をまぶたの裏に描いていると、たいてい十匹には届かない。

それから何十年も経って、モンゴルに旅をした。どこまで行っても地平線しか見えない大草原で羊たちがのんびり草を食《は》んでいるのだが、それだけではなかった。

モンゴルの遊牧民族の暮らしは、羊で成り立っているといっても過言ではない。靴や衣類にはふんだんに羊毛が使われているし、移動式住宅ゲルの壁や床は羊毛で作った厚いフェルト布でできている。しかも、床の下には、羊や馬の糞を乾燥させて作った断熱材が敷き詰められる。晴天の日は、ゲルの屋根に羊や馬の乳で作ったチーズやお菓子を何種類も並べて干す。夜中の灯りは、溶かした羊の脂に芯を浸して燃やすランプの火。

「今日は特別なご馳走だよ」と一家のおやじさんが手渡してくれたのは、自分で解体した羊のあばら肉をゆでたものだ。片手に握った小さなナイフ一本をあやつり、土に血の一滴もこぼさず巧みに羊一頭を解体するおやじさんはあばら肉を食べるときもやっぱり惚れ惚れするナイフ使いで、骨から肉をこそげ取っては、その肉片をのせたナイフの刃先を口もとへ運ぶ。うまそうに食べる皺の深い顔に、遊牧民の男の誇りを感じたことも忘れられない。その翌日、羊の骨と肉の味がたっぷり溶け出たゆで汁を使って、おやじさんの妻が手打ちうどんを作ってくれた。丼の底の一滴まで羊の匂いの強いスープを飲みながら、身体のなかに羊がおさまる気がした。

遊牧民の一家は、動物たちを引き連れ、草を求めて移動しながら暮らしを営む。私が訪ねたゲルでは、馬、牛、らくだ、山羊、羊を飼っていたが、なかでも衣食住をさまざまに支えているのが羊なのだった。

モンゴルで考えた。

羊といっしょに暮らせば、人間は生きていけるのかもしれない。

北海道釧路市の西、白糠町《しらぬかちょう》は人口約八千人の小さな町だ。二〇一八年三月、暦のうえでは春が近いけれど、土中はまだ固く凍っており、朝晩の冷えはずいぶんきつい。

早朝六時半、足音を立てないように注意しながら牧舎に近づいた。茶路川《ちゃろがわ》沿い、約八百頭の羊たちを飼育する茶路めん羊牧場。総面積は約二十五ヘクタール。サフォーク種、ポールドーセット種を中心に集約放牧方式で羊を育てる。専任のスタッフは四人。集約放牧とは、あらかじめ草地をいくつかに分け、放牧期間を限定しながら環境の回復をはかることによって自然のサイクルを尊重しようという飼育方法である。

敷地内に点在する牧舎のひとつ、天井の高い屋内に足を踏み入れると、思いがけない早朝の光景が目に飛び込んできた。

とっさに脳裏に浮かんだ言葉は「悠久」「神々しい」。燦々《さんさん》と射し込む朝陽が金色のオーロラとなって羊の群れを照らし出している。七、八十頭はいるだろうか。身体を寄せ合い、前脚を丸めて座りこむ光景が、たじろいでしまうほど静謐《せいひつ》で神々しい。なだらかな稜線をもつ背中が幾重にも重なり、羊たちが吐く白い息が金色のオーロラに溶ける。いっせいに首をこちらに向け、牧舎の入り口に立つ私をじっと見つめるビー玉みたいな丸い目、目、目。見透かされているようで、なにも見ていないようでもあって、底が抜けたような時空間に吸い込まれる感覚に誘われながら、羊は、神話や聖書にも登場することを思いだしていた。羊の祖先と人間との出会いは約一万年前、野生のムフロンやウリアルなどが飼われ始め、しだいに羊は世界中に広がっていった。

突然、それまでの静けさを破る声。

メエ〜、メエエ〜。

ベーベー、べーべーベエー。

羊たちがいっせいに立ち上がって鳴き始めるので、なにが起こったのか訝《いぶか》しんで見まわすと、スタッフのひとり、鎌田周平さんが配合飼料の入ったバケツを提げて入ってきたところだった。羊たちの体内時計のなかにセットされている朝食時間の針が動きだしたらしい。

「朝はうるさいです！」

鎌田さんが餌を配り始めると、羊たちがどっと寄ってきて一心不乱にがっつくので、ふたたび静かになる。「餌に対する執着心はすごいですよ」と言いながら、飼槽に群がる羊に注ぐ鎌田さんの目差しがやわらかい。「茶路めん羊牧場」で現場監督と取締役を務める四十代の鎌田さんは京都出身、帯広畜産大学在学中にここでアルバイトを経験し、大学卒業から二年後の二〇〇四年、白糠に移り住んで牧場に就職した。

鎌田さんが羊飼いの師匠として背中を追いかけてきた人物がいる。それが茶路めん羊牧場代表、武藤浩史さんだ。

武藤さんは、「日本のめん羊史を変えた男」としてつとに知られる人物である。一九五八年、京都生まれ。帯広畜産大学在学中に羊と出会い、「羊男として、羊をめぐる冒険が始まってしまった」。修士課程修了後、農業実習先のカナダで羊の飼育法やアグリビジネスの考え方を学び、十四ヶ月の実習を経て帰国。牧場管理者として二年間のサラ

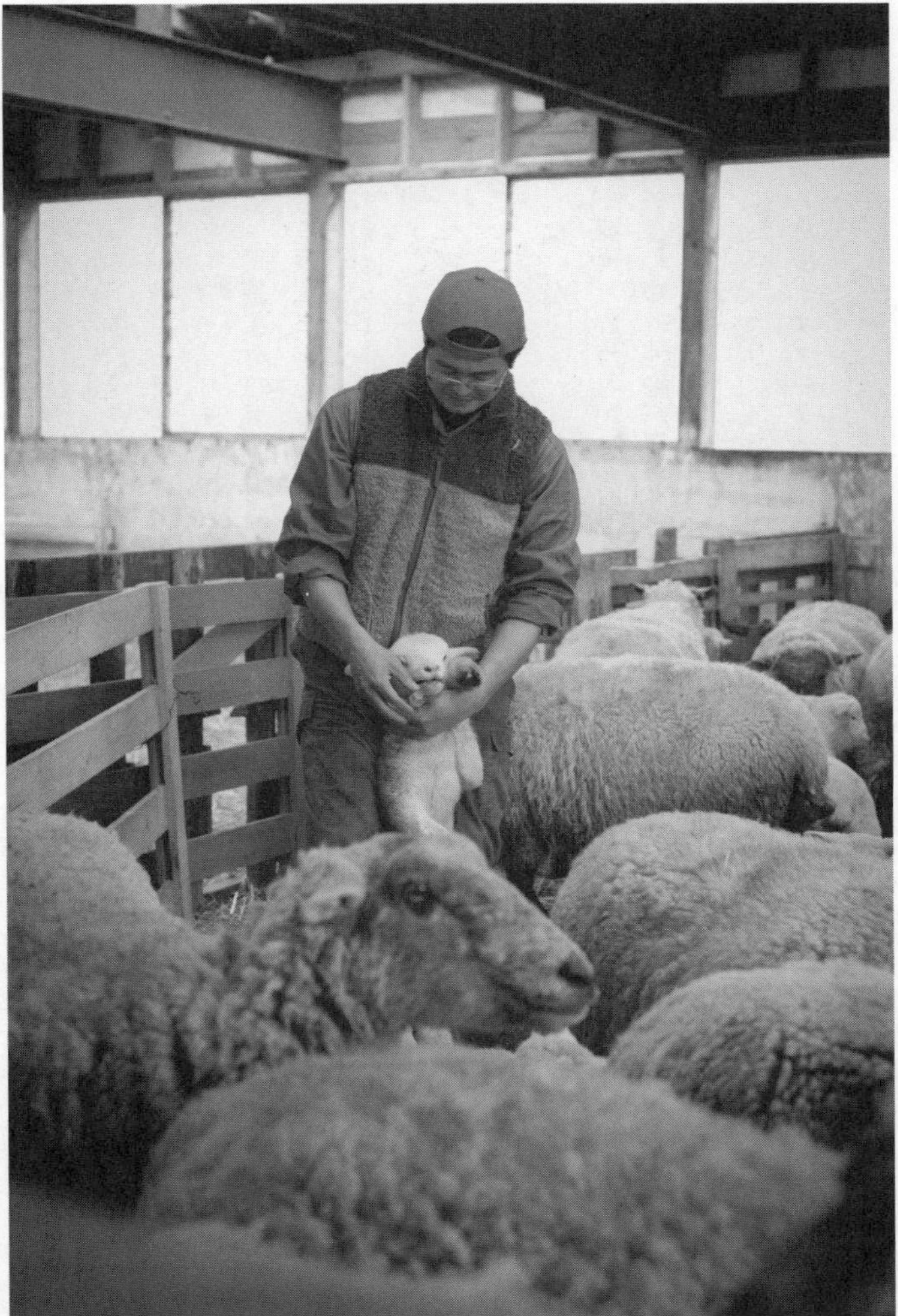

リーマン生活を経験したのち、八七年、離農者から二ヘクタールの牧草地と畜舎を借り受け、三十五頭の雌羊とともに白糠町でめん羊牧場をスタートさせた。

日本の羊事情は、〝武藤浩史以前、武藤浩史以降〟と評される。それは、武藤さんが羊飼いとして「マイノリティ」を自認しながら生きる道を模索し続ける初めての人物だったからだ。武藤さんの試行錯誤は、たとえば私がモンゴルで見聞した遊牧民と羊との関係、つまり人間が羊を生かし、羊が人間を生かす関係をまっとうしようとするものだ。大量生産や経済効率を追ってきた日本の農業のあり方とは正反対をゆく道を、あえて彼は選んできた。

六十代に入った武藤さんが、「いまもずっと苦い思いを抱え続けています」と言う。

「羊飼いとして、自分が本当に羊を生かし切れているのかどうか、まったくおぼつかないし自信もないんです」

最初は、謙遜だろうと思った。なぜなら、茶路めん羊牧場の羊の肉質は、プロの料理人の間でもきわめて評価が高く、いったん使い始めたらほかの羊肉では物足りなくなるという声をあちこちで聞くからだ。私も諸手を挙げて賛成する。

肉料理のスペシャリストとして名を馳せるシェフ、和知《わち》徹さんが営む東京・銀座のレストラン「マルディグラ」で、茶路めん羊牧場で育てた八歳メスのマトン（二歳以上の成羊はマトン、一歳未満の仔羊はラム、その中間をホゲットと呼び分ける）のローストを味わったときのこと。まず断面の官能的なロゼ色に目を奪われ、ナイフを入れると、緻密な肉の繊維がすっときれいに分かれる。きらきら光る真珠色の脂肪。肉と脂肪をいっしょに味わうと鼻に抜ける羊の肉の香り、上品な風味、これが八歳のマトンなのか。年齢を重ねると〝癖が強い、硬い〟だけで終わりがちな羊の肉とは、にわかには信じられない。和知シェフの肉を焼く技術とも相まって、予想を裏切る透明感のある味わいに驚かされ、テーブルを囲んだ者がみな言葉を奪われてしまった。

それほどの羊肉を育てる牧場主なのだから、さぞかし自信に満ちているのだろうと勝手に思いこんでいたのである。ところが、白糠を訪ねると、「日本のめん羊史を変えた男」の口からこぼれるのは苦みをともなう言葉ばかりだった。

「やらなければならないこと、やりたいことが、いつも山積みのままです。二百頭くらいを全部ひとりで見ていた初期の頃は、時間も労力も取られ、しかも病棟を抱えているようなもの（笑）。私が先駆者だと言う方がおられますけど、それは違う。うちと同じことをやってたらまずい、べつの道を探らなきゃ、という意味ですよ。『羊で未来を拓く』と自分では言いながら、資金繰り、羊の病気対策、飼育方法の改善、施設の整備……ひとつ問題を片づけたら、また次の課題が湧いてくる。あと三年経って利益が出なかったら辞めよう、もう辞めよう、その繰り返しでやってきました」

いや、そうではないでしょう、武藤さんは誰もが認める成果を出してきた方なのだから、実りのある三十年の歳月だったことは疑いの余地がないでしょう？　新規就農に補助金も出なかった頃、先頭に立って行政に掛け合い、システムを変えるよう働きかけたのも武藤さんだと聞いています。そう水を向けると、また苦笑いする。

「よく言えばそうなのかもしれませんけれど、べつの言い方をすれば、行き当たりばったりともいえるわけで……」

カリスマ的な信頼を集める人だというのに、愚直なまでに「これでいいのか」と自分自身に疑問符を投げかけるようすに接して面食らうばかりだったが、あるときふと思った――謙遜しているのでも自信がないわけでもなく、「自分は、羊飼いとして生きることができているか」という内なる声に、武藤さんは向き合おうとしているのではないだろうか、と。

その背景にある、日本の羊事情のあらましを説明しておきたい。

明治期、肉食の普及とともに畜産が盛んになり、牛や豚などの家畜とともに羊が導入された。道内での羊の歴史は、一八五七年、現在の函館で始まったとされ、当時は、国策として軍服の原料に羊毛を活用していた。第二次世界大戦後、北海道や東北地方の農家でさかんに羊が飼われ始め、一九五〇年代には羊の飼育がピークを迎え、全国で約九十四万五千頭、北海道では約二十六万頭に達する。ところが、高度経済成長期を迎えて加工貿易が発展し、羊毛と羊にまつわる生産物すべてが輸入自由化非課税品目になると、羊の価値は急速に下落し、一九七六年には一万頭まで減少。羊はじゃま者扱いされ、行き場を失った羊肉が加工肉製品の素材に使われていたこともある。羊関連の試験研究機関も縮小・撤廃、日本の羊はジリ貧の一途を辿ってゆく。いっぽう、北海道で昭和十年代に誕生したといわれるジンギスカン料理は、何度かのブームを経て北海道のソウルフードとして愛されるようになったけれど、その羊肉の多くはオーストラリアやニュージーランドからの冷凍輸入肉でまかなわれている。二〇二〇年現在、日本で飼育されている羊は約二万二千頭、羊肉自給率は〇・六％（そのうち北海道産のシェアは約八〇％）。羊毛の衣類や寝具にしても、九九％以上が輸入品だという現実がある。

羊は「棄てられた畜産物」「吹けば飛ぶような存在」だというのが、武藤さんの偽らざる実感だ。羊の分野ではとくに飼育マニュアルも確立されておらず、公的な技術指導や専門の研究機関も縮小が続き、専門のブリーダーもいないという。だから、それぞれが切磋琢磨しながら独自のやり方で飼育技術を探究し、おたがいに情報交換しながら学び、自分で販路を広げるほかかない。「茶路めん羊牧場」もまた、この道のりを歩んできた。

三十余年のうちの後半、武藤さんの羊に注ぐ熱情と人柄に惚れ込んで二人三脚を組んできた鎌田さんが、振り返って言う。

「なぜ自分が羊に惹かれるのか、永遠のテーマなんです。いまだになぜなんだろうと思うし、これが理由だと明快に言い切れないから、そのぶん苦しい部分がある。果たして羊を飼う仕事を職業にしてよかったのか、という思いがよぎることもあります。でも、仕事にしなければ、羊に対してこれほど真剣にならなかったかもしれないし」

隣で、武藤さんがにやりと笑って続けた。

「羊は、あんな愛らしい顔をしていながら、人間に取り憑くんです」

羊は人間に取り憑く——どういう意味だろうか。

早朝、牧舎に足を踏み入れたとき、立ちすくみながら味わった「悠久」や「神々しさ」の感情を思い出していた。

私が白糠を訪ねたのは、春先の出産シーズンが終わってひと段落した頃合いである。

羊の出産は二月から三月にかけて、二〇一八年はサフォーク種やポールドーセット種を中心に二百三十頭が誕生した。つい数日前に生まれた仔羊もいると聞き、母羊と乳飲み仔がいっしょに暮らす牧舎に案内してもらうと、「わあ」と声がでた。生まれたての動物が愛らしいのはみな同じだけれど、仔羊はエンジェルそのものだ。体重約四キロ、背の丈三十センチほど、動いているのが不思議なくらい別次元のかわいらしさに骨抜きにされる。牧舎をちょこまか走り回り、母さん羊の腹をつんつん鼻で突っついて乳をねだる仔羊、よそのお母さんの乳にちゃっかり吸いついている仔羊、その様子を眺めているだけで目尻が下がりっぱなしになる。

しかし、うっとりしていられるのは部外者の立場だからだろう。武藤さん以下、牧場のスタッフにとって、いつ、どこで何頭生まれるかも把握しにくい自然分娩の毎日は、緊張の連続である。出産が近づいた母羊は、群れから距離を置いたり、前脚でしきりに地面をかくなどの兆候をみせるから、兆候を把握したうえでそれとなく注意を配り、夜中は一時間ごとに巡回して状況を把握しなければならない。難産や死産、低体温症やビタミン欠乏症の発症、ときには母羊が子育てを放棄する場合もあるので、離乳するまでの三ヶ月間はとにかく気が抜けない。

「ニュージーランドでは出産を一切助けないので、このやり方はすこし過保護かなと思っています。本当は、勝手に生んで、仔羊を連れて群れに帰ってくるのが理想的なのですが」

武藤さんは言うのだが、羊たちが安心し切っているこの牧舎のおおらかな空気は、羊たち自身が自分たちは守られていると感じ取っているからなのだとも思う。いたいけな仔羊たちが元気よく「べーべーべー」と鳴く声に、委ねきった安心感と勢いがある。

餌は、北海道産の材料を配合して作るオリジナルだ。育ち盛りの仔羊と親羊では内容や回数に違いがあるけれど、餌の基本は小麦、大豆、ビートパルプなどを混ぜたもの。そこへ粉炭を加えたり、ホエー（乳清）を与えたり、独自の工夫を凝らす。粉炭は、炭焼き屋から直接購入する千度以上で焼いたナラの炭で、体内で不純物を吸着する働きを期待してのこと。牛のホエーはおなじ茶路地域にあるチーズ工房「白糠酪恵舎」から毎日五百リットル運ばれ、好きなだけ自由に飲ませている。羊はとくに腸が長い動物で、一頭の腸は二十五メートルにもおよぶから腸内環境の向上にホエーが役立つだろうと考えたという。とにかく手探りの日々、ピンときたらまず試してみるのが武藤さんの方針だ。

現在飼育する約八百頭のうち、種付羊として三〜五歳のオス十五頭、そのほかは繁殖用の母羊三百五十頭、若羊七十頭、仔羊三百頭、肥育中の羊百頭。オスは、生後まもなく去勢するためメスよりも成長が早く、そのぶん出荷サイクルも早くやってくるので、羊それぞれの肥育状況を判断しながら年間を通じて順次出荷する。

牧場の規模を拡大したのは〇六年、「この年がターニングポイントでした」。農業法人化を実現するにあたって規模拡大の必要に迫られた武藤さんは、みずからオーストラリアに足を運んでポールドーセット種のメス七十頭、種付用のオス三頭を買い求め、勝負にでた。契約をすませたあとで検疫で引っかかれば、資金まるごとをドブに捨てることになるのだから、輸送経費と併せて総額千四百万円の大博打だ。以来今日まで、羊が感染しがちな寄生虫対策などにも頭を悩まされながら、とにかく健康な羊を育てることに腐心してきた。

武藤さんは、自分の牧場には現在の頭数が適正だと判断している。

「羊がすくすく育つ環境をどう整えるか、そこが一番大事だと思っています。だから、これ以上規模を拡大したくないんです。いまの環境を維持して生産効率を上げつつ、いかに肉質を向上させていくか、そこを考えています」

羊は湿気を嫌い、多雨に向かない動物だ。牧場があるのは内陸に十キロほど入った地域で、夏は冷涼、冬は雪が少なく、牧草地に適しているから羊の飼育に向く。自然環境を味方につけて夏から秋は放牧、冬から春までは舎飼い。その間に毛刈り、爪切り、畜舎の堆肥管理、交配、出産……細かい仕事に追われながら一年を無事に終えるだけで精一杯だという。

ところで、それとなく観察していると、羊には不思議な生態があることに気づく。一頭、二頭が動くと、魔法がかかったみたいに何十頭もぞろぞろ動き始めるのだ。気ままな動きに見えるけれど、どうも羊には集団に引きずられる習性があるらしい。そういえば、昔ながらの牧畜風景では、長い杖一本で群れを追う羊飼いの姿がおなじみだ。犬に追わせたり山羊にリーダーをさせたりしながら、全体を把握して群れを自在に操る羊飼いを、ヨーロッパでは「英知の手をもつ」と表現する。

鎌田さんに、羊の扱い方について訊いてみた。

「羊を見るときは、一頭ずつではなく、群れ全体をひとつの生きものとして見ています。

ひと単位五十頭から百頭くらい。牛の場合は逃げたら追いかけなきゃならないけれど、羊の場合は、一頭離れても、また自然に群れに戻ってくる習性がある。集団で暮らすのが居心地いいんでしょうね。羊は、個別で管理して飼うには向かない動物なんです」

しかも、羊の群れにはまとめ役のリーダー的存在がいない。

「あくまでも〝烏合の衆〟なんです。逆に、それが羊の身の安全を守っているともいえる。だから人間がコントロールしやすく、集団で飼いやすいのだと思います」

羊はあまり人間になつかないが、群れを自在にまとめたり、動かしたり、どう差配するかが羊飼いとしての職人技だ。鎌田さんは、生まれたときから面倒を見ているから家族どうぜん、顔つきや声だけで母子の判別も容易に判断するという。

羊の出荷時期を決めるのも、鎌田さんの役目だ。牛や豚のように公的な客観的等級や格付けがあるわけではなく、それぞれの牧場によって取引先の用途や性別、月齢などを考慮するため、出荷のタイミングを決めるのは自分の目しかない。もし肥育日数が足りていなければ、脂の乗りがいまひとつ。羊のおいしさは脂のうまさにあると考えているから、一歳未満のラムの場合も脂をうっすら乗せて肥育するのだが、これ以上育てても脂がつくだけだという見極めも必要だ。

「これが、この羊の仕上がりだ」

胴がまっすぐ伸び、後ろ姿にハリと充実感が出てくれれば合格。とはいえ、身体つきや脂肪の乗り方には違いがあるから、一頭ずつ「仕上がり」のタイミングは前後する。十ヶ月から二十ヶ月のラムとホゲットを計画的に入れ替えながら出荷し、計画的に牧場全体の頭数管理をおこなう必要がある。

出荷は毎週火曜日。選んだ羊をトラックの荷台に載せ、二時間かけて帯広にあると畜場へ運ぶ。枝肉と内臓が戻ってくるのは、翌日の水曜日。武藤さんは牧場内に食肉処理施設をつくり、九二年、保健所の許可を取得。つまり「茶路めん羊牧場」は、飼育から食肉加工、販売まですべてを担うきわめて稀少な牧場である。

三月最終週の水曜日。冷蔵車の荷台に積まれて、昨日出荷した六頭の羊が、六頭分の枝肉と内臓になって戻ってきた。ずしっと持ち重りのする枝肉の断面を見ると、引き締まった肉に脂の白がくっきりと映えている。つい昨日、牧場から見送ったあの羊たちをふたたび食べものとして迎え入れる――ありがたい、ありがとう。運びこまれた枝肉がずっしりと重いのは、生まれたときから育てた羊一頭の確かさを感じるからだ。

エプロンを掛けた武藤さんが、大きなまな板の前で待ち構える。三十代の頃、白糠の鹿肉加工場のアルバイトで鍛えたというナイフさばきの腕が切り分ける首肉、肩肉、ロース、ヒレ、スペアリブ。注文別に真空パックに保存して荷造りするまで、すべて自分でこなす。べつの場所では、スタッフの藤林司さんが内臓を手早く掃除し始めた。心臓、腎臓、肝臓、横隔膜、脳、肺、胃、大腸、小腸、羊一頭をむだなく生かし切り、肉から内臓まですべてを商品として扱う。

　茶路めん羊牧場の評判が高い理由が、その仕事ぶりに見てとれた。取引先は全国各地のフレンチやイタリアンレストラン、焼き肉店、居酒屋、和食店など多岐にわたるのだが、家庭でも気軽に楽しんでもらいたいから、と個人宅の注文に柔軟に応じ、少量でも発送する。注文主とじかにやりとりして、用途や好みを把握したうえでナイフを動かすのも武藤さんのやり方でフレンチレストランなら小ぶりで締まった肉質、焼き肉店なら脂のつきがよいもの、相手先の好みも把握している。顧客のひとり、釧路市内のフレンチバスク・レストラン「ガストーラ」のオーナーシェフ、安藤済《わたる》さんは開店以来ずっと茶路めん羊牧場のラムとマトンを仕入れている。

「肉を納めに来たあと、武藤さんは厨房で仕込みの様子を見学したり、じっさいに羊を料理しているところを熱心に観察していかれるんです。頭が下がります」

　羊、牧場、料理、味、ぜんぶ一本の糸で繋がっているのだろう。

　売り方には、武藤さんなりの決めごとがある。

「チェーン店に卸せばもっと利益は出ますよ、と勧められることがあるのですが、それではお互いに顔の見える関係が損なわれてしまう。でも、三つ星レストランだからといって特別扱いはしないんです。居酒屋など価格の低いお店で長く使っていただいていることに感謝しています」

まだ買い手が少なくて苦労していた九〇年代前半、武藤さんはどうにか羊肉のうまさを伝えたいと思い、肉を引っさげて全国を回った「さすらいの丸焼き師」の時代を過ごした。半頭分十一〜十二キロの肉を炭火にかざして回転させながら二時間、じわじわと焙《あぶ》り焼きに仕上げ、集まったお客たちに切り分けてふるまい、羊の味をじかに体験してもらうイベントだ。いくら大事に羊を育てても、売れなければ生活は成り立たない。また、羊の肉のおいしさに惚れ込む身にとって、日本人が抱きがちな「羊の肉は臭い」というイメージがつきまとうのもくやしい。このおいしさを知らせたくて、呼ばれれば全国どこへでも飛んでいったけれど、人件費は出ないから、いつもひとりで出向いた。天気のいい丸焼き日和を待つほど悠長に構えていられないから、雨天決行。吹雪のなかでがたがた震えながら肉を焙ったり、正月に十時間かけて車を飛ばして白糠と札幌を往復したり。

「〝寝ないで働いた自慢〟はいくらでもできます（笑）」

ずっと、羊と一心同体でやってきた。

いまでは、肉や内臓のほか、ソーセージ、生ハム、サラミなどの加工品、トリッパの煮込みなどの調理済品も作るようになったし、牧場のすぐ近くに建つ築九十年の民家を改装し、念願の直営レストラン「クオーレ」も二〇一五年九月にオープンした。厨房を預かるのは、地元白糠町出身、イタリアンレストランでの修業経験をもつ二十代の漆崎雄哉シェフ。茶路めん羊牧場で育てた羊だけを使うとあって、遠方からもお客を集めている。

興味しんしんでテーブルについた。この日の料理は、内臓四種（タン、腎臓、サガリ〔横隔膜〕、肺）のソテー、サフォーク種とドーセット種を掛け合わせた十二ヶ月ラムのTボーンステーキ。いずれも初めてお目にかかる料理だ。ひと皿に形よく配置されたソテーは、内臓のおいしさをシンプルに食べ比べてもらおうという趣向。タンはしっとりと柔らかく、腎臓はレアにとどめ、横隔膜を嚙みしめると濃いうまみ、肺はこりこりの歯ごたえ、羊料理の多様性が味覚をつうじて伝わってくる。ステーキは、ヒレとサーロインを同時に味わうために武藤さんがさばいたTボーンの部位で、肉の風味に熟成感があるのは、と畜後一週間寝かせているため。これもまた、白糠に来なければ体験できない味だ。

漆崎シェフは、「茶路めん羊牧場の羊を扱える喜びを日々体感しています」。

「ここの羊は、肉質自体はきめ細やかで繊細なんです。なのに、うまみがしっかりしていて、道産の羊のなかでも味わいがきわだって優しい。羊の脂がこんなにおいしいことにも、料理人として衝撃を受けました」

牧場直営の強みを生かして、「ともかく余さず、羊を生かす」。骨はスープストック、羊乳はデザートのお菓子に活用する。余韻の深さにも、これは特別な肉だという実感を覚える。それに見合う値段をつけて利益を求める方法もあると思うのですが、と問うと、武藤さんはまた渋い口ぶりになる。

「値上げは、いつもつらいです。値上げするときは体力が問われる。簡単にはできません」

いっぽう、資材や飼料、運賃などの値上げが相次いだうえ、二〇二〇年には羊のと畜費が三四％の値上げになり、値段を改定せざるを得なかった。

流行り廃《すた》りに踊らされず、贔屓《ひいき》にしてくれる顧客への恩義をいつも感じているという。

「値上げをして利益を得れば、目前の課題が解決するわけではないんです。牧場を運営するにあたっての経費のかけ方、羊毛や脂の利用法にいたるまで、やはり羊がもつ可能性のほうに目を向けたい。夏が来る前、いっせいに刈った毛を用途に応じて選別し、洗いに出してから衣類や寝具に委託加工していますが、安い輸入品が相手では商いとしてなかなか成立しません。余った羊毛を土に混ぜて堆肥に利用してみたりもするのですが、こういう現状を考えると、自分が羊を生かし切れていないというジレンマに襲われてしまう」

むやみに手を広げれば、人材も資金も立ちゆかなくなる可能性もある。けっきょくは自分をごまかせず、身の丈に合ったことしかできない。その正直なひとが惚れ込む料理のひとつに、シュウパウロがある。骨付き肉をいったん湯通し、ねぎ、生姜を入れて一時間半ほど煮こんで取り出す。だしが出た煮汁はスープに使う。そう、私がモンゴルでご馳走してもらったあの料理だ。ただゆでただけの羊肉に齧《かじ》りつくうまさを、なぜ私はいつまでも忘れられないのだろう。

日が落ちると一気に冷え込む白糠の夜、あかあかと炭火を熾《おこ》して、武藤さんが羊肉のバーベキューを焼いてくれた。タン、頬、腎臓、レバー、ハツの串。食道、肺、腸、筋膜の串。ラム、ミルクラム、マトンのバラ肉の串。クミンやコリアンダー、ローズマリー、パプリカ、塩、胡椒をミックスしたスパイスも香ばしく、ビールも進む。マトンの脂で唇をてかてかに光らせ、「やっぱりうまいですねえ」と、羊飼いたちが破顔一笑する。

大学時代を振り返って、鎌田さんは言う。

「初めてここに実習に来たとき、早く実習期間が終わらないか、そればかり考えていました。餌も手で混ぜるし、なにもかも手作業。もう本当につらかった」

羊と出会ったばかりの頃の戸惑いも、いまでは笑い話だ。ここで二年間働き、六月には実家の長野に戻る藤林司さんが言っていた。

「牛は使えなくなったら処分しますが、羊が弱って立てなくなっても、この牧場では回復するまで大事に世話をする。ここまでやってあげるのかと驚くくらいです。武藤さんのバイタリティもすごい。ともかく朝から晩まで働いている」

茶路めん羊牧場の羊を長年知る人の実感を、書き留めておきたい。

「あるとき羊の味が変わったな、と思いました。優しくて、おだやかな味になった。なぜだろうと考えると、ちょうど鎌田さんが飼育を任され始めた頃でした。彼は羊を愛している。羊が安心している味なんですよね。いっぽう、武藤さんは羊に対して永遠のロマンを感じている。だから、以前は違う味だった」

すさまじい話だと思った。

羊という動物は、羊飼いを育て、人間の個性や考え方をも引き出すのだろうか。「羊に惹かれる理由が自分でもわからない」と羊飼いに言わしめる羊は、もしかしたら、すべてお見通しなのかもしれない。そうでなければ、羊の群れの光景を見たとき、とっさに神々しいと思ったりしないのではないか。刈った羊の毛で編んだウールのセーターがあれほど温かいはずがないのではないか。羊は、人間がじかに食べることのできない草を食べ、みずからの成長をつうじてそれらを肉や毛に変え、求められれば身をもって贈りものを授ける。羊の長い腸は、弦楽器ビオラ・ダ・ガンバとなって妙なる響きを奏でる。

いっぽう、羊もまた人間を必要としている。

武藤さんは言う。

「羊は、人間といっしょでなければ暮らせない。毛刈りしなければ生きられないし、一頭だけでは暮らしていけない。自分だけでは生きていけない羊をつくったのは人間なんです」

興味深い一冊の書物がある。私の愛読書『羊飼いの暮らし　イギリス湖水地方の四季』（濱野大道訳、早川書房）。著者J・リーバンクスは、伝統的な景観を継承する湖水地方で羊飼いを営む家系に生まれ、オックスフォード大学卒業後も羊飼いとして農場を守っている。

「私は共有のフェル（筆者注・山の意）を利用する牧畜業者のひとりであり、歴史の浅い小規模な農場の運営者にすぎず、長い長い鎖の小さな輪でしかない。おそらく一〇〇年後には、私が羊を山で放牧していたことなど、なんの意味もない事実になる。きっと、私の名前を知る者は誰もいなくなる。しかし、そんなことはどうでもいい。一〇〇年後もファーマーたちが同じフェルに立って同じ仕事をしているとすれば、そのほんの小さな一部を作り上げたのは私なのだ。いまの私の仕事が、過去のすべての人々の働きの上に成り立っているように」

羊をめぐる壮大な時間は、イギリスの湖水地方にも北海道白糠にも、そして羊を飼う者の心身にも、きっと同じように流れているのだろう。

武藤さんの、自分に言い聞かせるような言葉を聞いて、やっと少しわかってきた。

「僕が生きている間では終わらない時間が、羊には流れているのだと思います。いまやりたいのは、自分がやれなかったことを、いい形で、明るい課題として手渡したいんです。羊といっしょに生きたいと思った若いときは、自分の時間に限りがあるなんて思ってもみなかったけれど」

日本における羊の世界は、吹けば飛ぶようなちっぽけな存在かもしれない。しかし、羊がそこにいる限り、羊飼いという仕事がもたらされ、求められる。衣食住すべてに関わる羊という動物を相手にするとき、人間はおのずと可能性に向き合わされ、自分の力量を問われることになるのだろう。羊が、底なしの寛容さを以て「問うてくる」のだ。心のなかに羊を飼い、日々の仕事を篤実にこなし、羊からの恩恵を受け取りながらともに暮らす。これが白糠で出会った羊男たちの生き方だ。

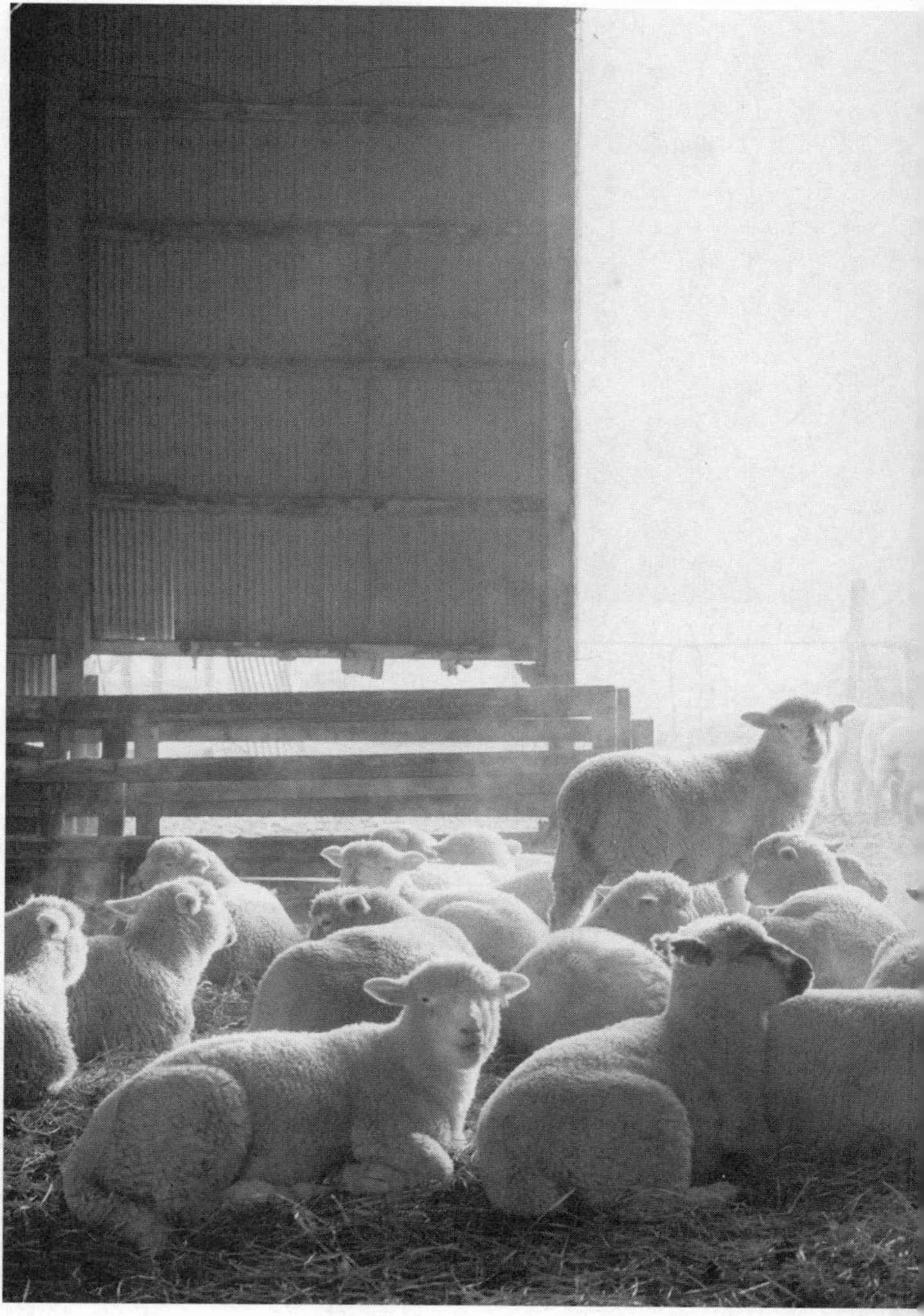

2章　猪――島根・美郷町　害獣を恵みに変える挑戦

やっぱり牡丹《ぼたん》の華に喩《たと》えたくなる。密度の濃い脂の白、鮮烈な肉の赤。気負けすると、肉がわらわらと身を起こして咆哮《ほうこう》し始めるような気配が猪の肉にはある。

初めて牡丹の華を見たのは、伊賀の山中だった。「土地の者でも知らない秘密の店がある」と連れていかれた看板もないプレハブ小屋で、冬のあいだだけ地元の猟師が共同でひっそり営んでいるという。撃った猪を自分たちで捌《さば》き、鍋に仕立ててふるまっているらしい。身震いするほど冷え込んだ零度以下の夜、座敷に置いた石油ストーブのまわりで肩を寄せ合って待っていると、猟師のおじさんが「ほれほれ」と尺皿を抱えてやってきた。テーブルにどんと置かれた皿いちめん、大輪の牡丹の華。紅白の濃淡が、見ようによっては禍々《まがまが》しいほど強烈だ。皿を取り囲んだ者たちが「うおっ」と唸ったまま、身じろぎもせずに見入る。

野生の猪の肉を、日本人は「山くじら」と呼び慣わして食べてきた。獣肉を食べることが禁忌とされた江戸時代、海の鯨になぞらえて山の鯨と呼んで符牒《ふちょう》としたのだが、鯨という巨大な存在に猪を重ねたところに先人の慧眼《けいがん》がある。

その山くじらの名前を冠した猪の肉がある。

「おおち山くじら」

島根県邑智《おおち》郡美郷町《みさとちょう》が名づけて売り出した〝わが郷土の肉〟である。

美郷町は、島根県のほぼ中央に位置する山あいの小さな町。中国地方随一の雄大な河川、江《ごう》の川が貫流する。人口四千五百四十四人、世帯数二千百八十三（いずれも二〇二〇年現在）。山林面積八九％、水稲面積は年々減少している。かつては石見銀山街道の一部として栄えたが、いまは深刻な少子高齢化と過疎化問題を抱える土地でもある。公共の交通機関として集落をつないできた一両編成の三江《さんこう》線は二〇一八年四月、廃線。児童たちがバス通学をする小学校は、二校合わせると全校児童二百六十人ほど。この中国山地の緑が連なるのどかな町に、全国から注目を集める地域ブランド「おおち山くじら」はある。

取り寄せて食べてみた。牡丹の華の一片を煮るなり焼くなり、口に運ぶと、えっこれが猪の肉？　スッスッと軽やかに消えてゆくので、またもうひと切れ。猪の肉は独特の強さがあるから苦手だという友人に、ためしに「おおち山くじら」の肉を醬油風味の鍋に仕立ててご馳走すると、目を丸くして彼女は言った。

「猪の肉がこんなにあっさりしているなんて、ちょっと信じられない。猪の肉は味噌鍋でしか食べられない肉だと思っていたのに」

ロースもバラ肉も、昆布だしでさっと火を通しただけなのに、野卑な匂いやしつこさを感じない清潔な味。それでいて、豊かな嚙みごたえだ。

まだその先がある。「おおち山くじら」の隠し玉は、夏の猪。これまで世間では、脂がたっぷり乗った冬場に獲る猪に価値が置かれ、いっぽう夏場の猪の肉は瘦せてまずい、食べられたものではない、と相手にされてこなかった。ところが美郷町では、三月から十月の害獣駆除期間中に獲った猪を「夏イノシシ」と名づけ、さっぱりとした淡白な味をほかにない個性として積極的に売り出す。野菜といっしょに炒めたり、さっと煮たり、瘦せた肉だなんてとんでもない。これまで見向きもされてこなかった肉に価値を見出す逆転の発想があっぱれだ。あるいは、缶詰。煮込みに向くスネ肉やウデ肉を生かした「イノシシ肉の黒ビール煮込み」「イノシシ肉のポトフ」「イノシシ肉のスパイス煮込み」「イノシシ肉と大豆のキーマカレー」などの缶詰は、試しに取り寄せて食べてみると、バゲットと赤ワインが欲しくなる洒落た味。既成の思いこみにとらわれなければ、猪の肉には食材としての大きな可能性があると気づかされる。

唯一のローカル線も消えた山中の小さな町が、がぜん気になり始めた。地図を広げると、すぐ近くに石見銀山。ここはかつて銀の輸送路としてにぎわった町でもある。

しかも、集まってくる話がいちいち刺激的なのだ。

猪の被害に悩む農家がみずから狩猟免許を取得して駆除に乗り出し、獣害を激減させた。

地域の婦人会では、猪のなめし革でクラフト製品を手がけて売っている。山くじら弁当や猪肉のシューマイ、コロッケを販売する婦人グループもいる。あたしらのために猪ようけ獲ってこい。ハッパをかけられたお父ちゃんたちも活気づいている。

他県から移住してきた若者も、定住支援を利用して活躍中だ。そのうちのひとりに、東京大学大学院からパリ第六大学のキュリー研究所に留学していた人物もいる。鳥獣害対策研究の第一人者が美郷町に白羽の矢を立て、みずから住みこんで農家を指導している。

これらの背景には、ひとりの熱い男の存在がある。役場に勤めるその人物は、「自分たちの暮らしは自分たちの手で守る」と腹をくくり、猪を相手に奮闘してきた。

……聞いたことのないユニークな話、濃い話の数々。美郷町について書かれた新聞記事を集めていると、写真の数々も痛快だ。猪の大きな毛皮のまわりに集まった婦人たちが、青空の下で豪快にワッハッハ！　底抜けのパワフルな笑顔に驚かされた。

物語の予感がする。この町でおこなわれているのは、どうやらただの獣害対策ではなさそうだ。猪と人間が醸し出すエネルギーに胸がざわざわする。そもそも「おおち山くじら」は、なぜあれほど清冽な味なのだろう。

そうこうするうち二〇一七年冬、狩猟期まっただなかの十二月がやってきた。

美郷町が呼びかけてくる。

「早くおいで」

真冬の光を受けて江の川が銀色に光っている。「あばれ太郎」の異名を取り、氾濫を繰り返しながら自然の営みを重ねてきた豪快な流れ。車を降りて、耳を澄ます。悠々と連なる山脈のどこかに猪たちが生息しているのだから、彼らの存在を感じたい。雪がちらつきそうな空の下で、いつ、どんなふうに私は猪にまみえるのだろう。いや、相手は野生動物なのだから、甘い期待は通用しないはずだ……何度も自分に言い聞かせていたところが。

「今朝、一頭獲れたんです。箱ワナにかかっていたのを猟師さんが発見して、さっき搬送したばかりです」

町に着くなり告げられ、「へ?」。間抜けな声が出た。猪と対峙するまで粘るつもりでやってきたけれど、膝から力が抜ける早々のおでまし。

「生きたまま、檻ごと運んでいます。処理場に直行しますか」

「はい、すぐ行きたいです」

美郷町役場産業振興課、安田亮さんの言葉に勢いこんでうなずく。

安田さんこそ、「自分たちの暮らしは自分たちの手で守る」と農家に呼びかけ、孤軍奮闘しながら町の鳥獣害対策を変革した人物である。二十数年におよぶあの手この手の奮闘ぶりを、このあと私は町のあちこちで見聞きすることになるのだが、一部始終はおいおいじっくり書くことにする。

さあ、急いで車を飛ばさなくては。猪が獲れた！

山道沿いの小さな施設の入り口の看板に書いてある。

「邑智食肉処理加工場」

猪を捕獲した檻の存在に気づかなければ素通りしてしまう、とても地味な建物だ。三十年ほど前、町がフランス鴨に取り組もうとして失敗したことがあり、そのまま残されていた施設を再利用したのだという。

安田さんが運転する役場の車から降りると、足音や気配に刺激されたのだろう、あたりの空気が激しく揺れた。近づくと、檻のなかに黒いカタマリ。鉄柵にゴンゴン頭突きをして暴れている。金属製の檻は幅約〇・五メートル、奥行き約一メートルほど。ひと突きごとにガッシャーン、ドッシャーン、力を振り絞って逃げようとする動きといっしょに揺れる。ずんぐりとして意外に小ぶり、引き締まった体躯。体長一メートルくらいだろうか、推定二歳前のオス。ぶつかる自分の勢いをもろに受け、ごつい剛毛の眉間が裂けて血がだらりと滲んでいる。

ケモノ道に仕掛けたのは、箱ワナだった。今朝がた、箱ワナを仕掛けた猟師が見回りに行ったとき発見し、「掛かっとる」と連絡を受けた役場の職員一名が現場に向かって確認、と畜から精肉加工まで受け持つ「おおち山くじら生産者組合」（当時）の職員二名も急行。猪を檻に移して軽トラの荷台に載せ、この食肉処理加工場に運びこんだ。職員のひとりは平川洋さん二十九歳。大学を卒業後、地域おこし協力隊の一員として美郷町に移住し、結婚して田舎暮らしを営みながら猪に挑む一年めの新人だ。もうひとりは上海出身、東京からパリ経由で美郷町に移住した嵇亮《じりょう》さん三十歳。嵇さんについても語りたいが、目の前で猪がゴフゴフと荒い息を立てているので、いまは先を急ぐ。相手は獰猛な野生動物、檻の周辺にぴりりと張り詰めた空気が漂っている。

ツナギ姿の平川さんがホースの蛇口をひねり、檻の枠の外から猪に水を浴びせ、身体にこびりついた泥や草を洗い始めた。すると、ついに観念したのだろうか、猪が急に静かになって立ちすくむ。太い四肢にぐっと力が入っているのがわかる。

平川さんが脇に用意してあった槍をつかむ。中腰の姿勢を取り、ぐっと息を詰める。構えの位置、槍の角度、長い柄を握る手が静止したと見えたそのとき、裂帛《れっぱく》の気合い。檻のすきまから一気呵成に差し込まれた長い刃が、猪の黒い喉の左側に突き刺さった。ブスリ、止め刺しのひと突き。その場にくずおれた猪は、ハッ、ハッ、ハッ、ハッ……大きな息を八度ほど吐いたのち、静かに頭を横たえて動きを止めた。猟師は心臓を鉄砲で撃つことが多いが、平川さんは太い動脈が集中している喉もとに止め刺しの的を絞った。生きているとき心臓にダメージを与えると、心臓のポンプ機能が失われるために体内に血液が残ってしまい、肉が生臭くなってしまうからだ。喉の大動脈から、どっと流れ出す大量の血液。すばやく放血をおこなう様子を目のあたりにして、あの臭みのまるでない肉質の謎がすこし解きほぐされたように思った。

後脚二本にワイヤーを掛けてリフトで吊るし、作業場のなかへすみやかに移動する。放血後、すぐに内臓を出してしまわなければ、みるみる体内にガスが発生し、肉に悪臭が回ってしまう道理は狩猟の現場でも変わらない。そうか、捕らえた猪を生きたまま処理場まで運び込む生体搬送は、放血から内臓摘出までスピードアップをはかる合理的な手段でもあるということ。

平川さんの的確なナイフさばきで解体作業が進む。一文字に切り開いた胸にナイフをぐぐぐと差し入れると、黒い剛毛の下からたっぷりと豊かな白い脂が現れた。冬場は、やはり脂の乗りが売値の決め手になる。さらに手を差し入れて腹腔を大きく左右に開くと、ほわほわと上がる体温の湯気。胸骨を切り、気管と心臓を外したあとに内臓のひと続きがずるんと取り出され、ぷりぷりのレバーやピンクの腸がこの猪の健康を誇示しながら目を射ってきた。

作業の進行内容と個体情報は、いちいち細かく用紙に記録される。作業者名、作業日時、止め刺し完了時刻、剝皮《はくひ》時間、内臓摘出の開始と終了時刻、全作業完了時刻、冷蔵庫搬入時刻。廃棄する内臓を各部位ごとに目視確認するのも、野生動物を扱う責任を果たすための決めごとだ。止め刺しから内臓を出して冷蔵庫に保管するまで、わずか五十分。平川さんの動きには一切の無駄がなかった。

「今日のように、獲れるのが一頭だけの日もありますが、あちこちの集落で何頭も捕獲される日もあるんです。僕らの仕事の予定は、猪しだい」

先行きの予測もつかないところが、野生動物と畜産動物との大きな違いである。

今日の獲物の内臓を抜いた頭と皮つきの総重量は二十九・一キロ（一頭当たり歩留り五〇％）。作業が終わった電話連絡を受け、値付けを担当する品川光広組合長が車で駆けつけてきた。自分の目で肉質を確認したのち、ワナを仕掛けて獲った農家とじかに電話交渉をおこない、一キロ三百円の取り引きが成立。上物になると、七百円以上の値段がつくという。

「まあまあ、今日はこんなところでしょう」

農家との交渉を無事にまとめ終えた品川組合長がねぎらうと、平川さんがほっとした表情になった。

「困っている人なら誰でも」。狩猟免許を取得すれば、獣害に困っている人がすぐ駆除

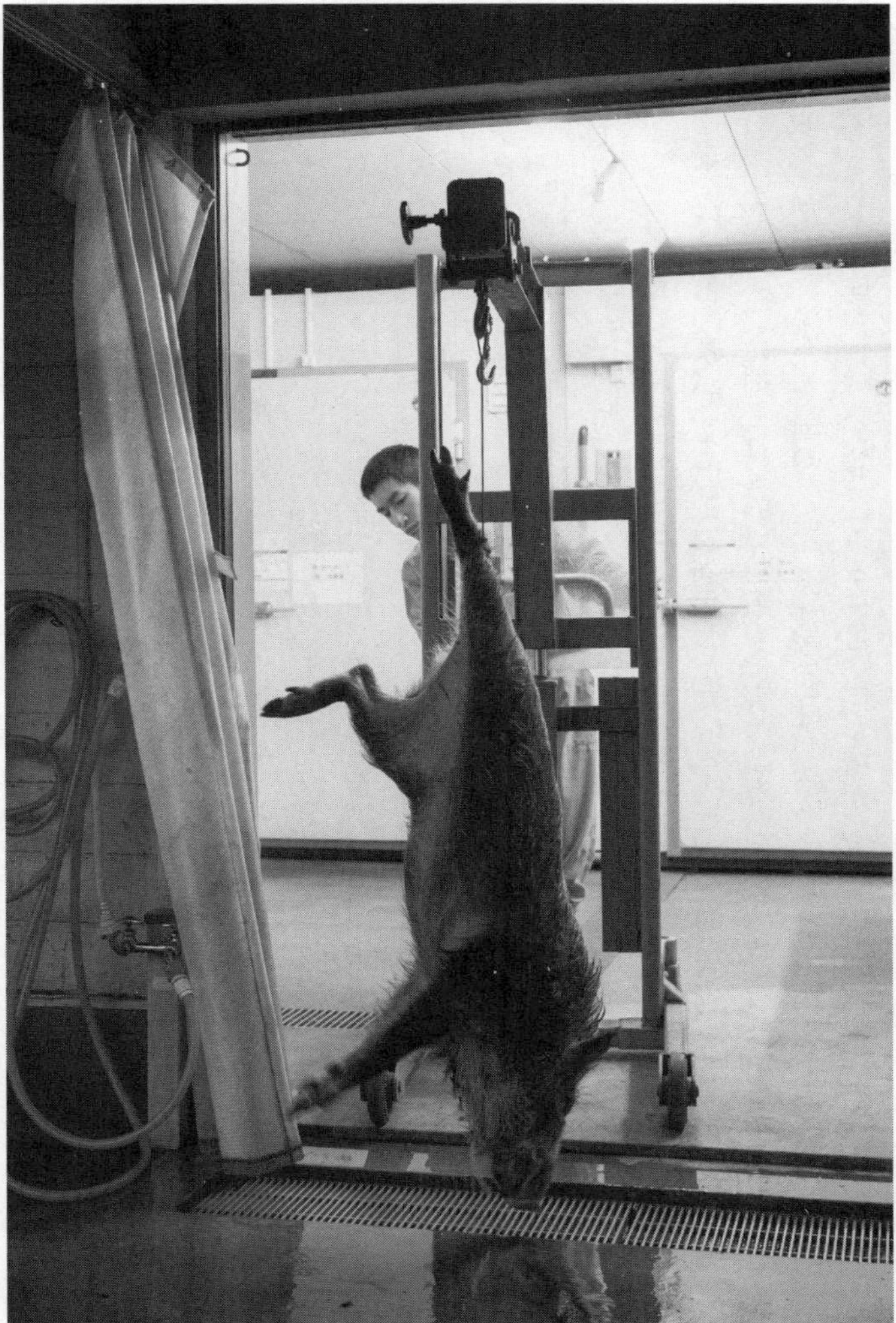

に取り組めるのが、美郷町のオリジナルなやり方である。箱ワナなら山中に設置するだけでいいし、くくりワナに較べて狩猟経験も問われない。溶接技術があれば、自分で製作できるのも箱ワナの便利なところ。一九九九年、役場の職員として鳥獣害対策の見直しに携わることになった安田さんは、「自分たちの暮らしは自分たちの手で守る」大切さをすぐに直感した。行政から補助金を引っ張ってきてパッと見の成果を出した気になって、その補助金がなくなったら終わり——そんなことをやっていても、けっきょく何も変わらないんじゃないか？　まず、山くじらと住民の接点が生まれなければ地域は変われないし、本当の農村振興には繋がらないんじゃないか？　国主導〝トップダウン〟のジビエ消費拡大運動とやらに自分たちが踊らされちゃいけない。

腹をくくってみたものの、おいそれと地域の変革が進むはずもない。肉を切らせて骨を断つ。役場で獣害対策に関わるようになって二十年、安田さんは言葉通り町中を駆けずりまわって、ひとつひとつの果実を粘り強く実らせてきた。

まず「ドロドロの人間関係」に突入することから、安田さんの奮闘はスタートした。

中国地方で獣害問題がいよいよ深刻化した九〇年代半ば、島根県下でも農作物被害の防御対策を急ぐ必要に迫られていた。獣害被害の調査が正式に始まったのは一九九九年（平成十一年度）だが、全国の農作物の被害額はしだいに二百億円を超える深刻な状況に陥っており、鹿、猪、猿などによる被害は年々増加、すでに社会問題になり始めていた。原因は、時代とともに進む集落の衰退による過疎化、山林の管理放棄、耕作放棄地の増加、少雪化や暖冬傾向など。野生動物の側から見れば、人間がつくりだした環境の変化や気候変動などの複合的な要素が、結果として餌付けにつながっていった（二〇〇八年二月、「鳥獣被害防止特措法」が施行され、各地で被害防止の取り組みがおこなわれて捕獲頭数は年々増加。二〇一八年度、農作物被害額は約百五十八億円に減少している）。

安田さんが獣害対策を受けもつ産業振興課に着任すると、ほどなく奇妙な事態に気づいた。一九九九年、隣り合う町村では駆除数が横バイなのに、美郷町の駆除数だけが急増しており、奨励金も予算の倍を超している。

当時三十歳、異動したばかりの安田さんは首をひねった。

「それまでは、猪一頭あたり六千円の奨励金を尻尾と引き換えに支払い、地元の猟友会に駆除を依頼していました。ところが、夏場なのに、フサフサの冬毛の尻尾が提出されるわけです。冬場の狩猟期には奨励金が出ないから、尻尾を冷凍保存して提出する不正請求がおこなわれていたんですね。奨励金が急増したのは、駆除の成果だけじゃなかったことがわかった。とはいえ、駆除するためには狩猟免許が必要だし、猟友会には既得権がある。それまで役場は猟友会に丸投げしていたし、農家も頼りきりになっていたから、まずここから改善しなくてはならない。不正に歯止めをかけるために、役場の職員が直接出向いて捕獲の現場を全頭現場確認することをみずから義務づけたんです。そりゃあ大変でした、猪には土日も祝日もないですから（笑）。現場確認を始めると、前年度には七百三十二本の尻尾が提出されたのに、一気に二百九十九頭に激減した。えええー、と」

いまでは笑い話だけれど、明るみにでた事態の中身は深刻だった。奨励金の不正受給の横行、猟友会のなわばり意識と排他性、それらを助長してきた役場の依存体質、農家のあきらめと無力感——人間サマのドス黒い利害関係が渦巻いている。ひと言で狩猟者といっても、狩猟を楽しみたい者、小遣い稼ぎがしたい者、農作物を守りたい者、それぞれの立場によって目的が違うから、よけいに事情は複雑だった。

安田さんは、覚悟を決めた。

「猟師さんたちに取り囲まれて、吊るし上げを食らったこともあります。どがんいうことだ、おれらからシシを奪う気か、夏にウリボウを勝手に捕まえられたら、自分たちが冬場にいいシシが獲れん……でも、あとには引きませんでした。主役は困っている住民だ、そこは間違ってないと自分を信じました」

追い込まれても逃げなかった安田さんを支えたのは、家族代々が暮らしてきた土地への愛情でもあるだろう。

「ここには人工林がなく、自然林が広がっています。植生に恵まれた土地だからこそ、狩猟の本拠地でもあるんですよ。河川敷の面積が少なく、山が急峻だから野生動物の活動範囲も広い。猪の好物のタケノコ、カシやシイ、ナラの実も豊富です。野生動物は二十四時間、食べることで生きているから」

「ワナにかかっとる」「檻んなか入ってるわ」と電話連絡が入れば、通勤や仕事の途中でも現場に急行した。いつ獲れるかわからないから休日出勤もしょっちゅう、給料に〝猪手当〟がつくわけでもない、文字通りの手弁当だ。しかし、そうこうするうちに地域の住人たちとコミュニケーションが深まるようになっていき、農家みずから狩猟免許を取得したいという気風が盛り上がっていった。

二〇〇〇年、猟友会とは一線を引く〝縄張りのない〟駆除班が再編成され、町長を頂点とする公のピラミッド型組織が整う。〇四年、さらに前進。猪の肉を町ぐるみで地域のブランド品に育てるために、駆除班員四十一人が参画して「おおち山くじら生産者組合」が設立されたのである。

いったいなぜ、こんなアクロバティックな変革がわずか五年で着地できたのだろう。

答えは明快だ。安田さんの着眼が〝ひと興し〟の一点にあったから。

ジビエ振興のお題目に振り回されず、猪は地域を有機的に動かす原動力になり得ると見通して人間を動かしにかかった安田さんの洞察、実行力。生産者組合の立ち上げが決定したときも、組合長はこの人しかいないと狙い定めた当時四十八歳の品川さんを口説き落とした。若い頃から腕を磨いてきた猟師で、安田さんとおなじ吾郷《あごう》地区に住む気心の知れたランニング仲間の誠実な人柄を見込んで、〝この人材を逃がしてなるものか〟と、すっぽんのように食らいつく。安田さんはひたすら固辞する品川さんをなだめたり、すかしたり、ついに首を縦に振らせて「おおち山くじら生産者組合」の設立準備がスタートした。

品川「まあ大変でしたよ。ひとり会費一万円を募って組合に入ってもらったのですが、ほんまに猪の肉が売れるのか、ちゃんと続くのか、自宅にどんどん電話がかかってきてね」

安田「設立準備会を作ってあれだけ説明したり話し合ったりしたのに、その翌日気が変わって、やっぱり協力できないと去る人もいたりして、一枚岩なんかじゃ全然なかったです」

品川「こうして振り返ってみると、いまは地域に貢献できたかもしれないけれど、当時はそこまで考えてなかったですもん。考えてる余裕なんかなかった」

安田「〝わしゃもうやめたわ〟って品川さんに言われたら、もう終わりですから。とにかく三年間は我慢してついてきてほしい、途中で投げ出したら無責任だとか卑怯だとか言ったりして、毎日のように品川さんを説得し続けてえらいことになっていった。こっちも血気盛んな頃で、志を立てたからにはもう強引で（笑）。品川さんの人生を狂わせてしまったと思ってます。そのかわり、役場から懸命に発信して、山くじらの仕事を取ってくる義務もある。最初の頃は全国をどさ回りしていました」

品川「安田さんとの話がだんだんおっきくなっていって、ひとも動くようになってね、信頼関係ができていったからちょっとずつみんなが動くようになっていったね」

〝ひと興し〟の熱意と粘り腰、くわえて人を見る目に軍配が上がった。

こうして、組合長みずから、昼は自分の仕事、夜は組合の注文整理と発送、真空パックした猪の肉はひと袋ずつチェック……睡眠時間を削って尽力した。

「ちゃんと自分の目で確認しないと、不安で送り出せないんですわ。自分の目や鼻で確認しないと安心できなくてね、どんなに忙しくても他人に預けるということは絶対しなかった。三、四年は走りっぱなしでした」

品川さんと安田さんが二人三脚でひた走る姿を知っていたから、農家もこぞって猪の駆除に精を出したのである。

しだいに協力者が増えてネットワークが広がり、八年後、駆除班は百人に達した。捕獲した猪は、組合への提供は自由、自家消費しても構わない。ゆるさを上手にふくめながら、自分たちの「おおち山くじら生産者組合」を育てようという気持ちがふくらんでいき、しだいに自信に変わっていった。組合という機能が生まれたことで大きく向上したのが、肉の均質化である。肉のよしあしを大きく左右する野生動物の放血や解体は、これまで狩猟者の都合や経験則にゆだねるほかなかった。昔ながらの猟では日中に一頭でも多く仕留めたいから、獲物を雪中に埋めたり川の水に浸して放置したり、日が暮れてからまとめて解体作業に取りかかる場合も多かった。とかくシシの肉は臭い、食べにくいと言われてきたのは、こんなところにも原因があっただろう。

カネやハコモノに頼らず、壮大な計画やら夢物語にも踊らされず、愚直なまでに自分たちの足もとを照らしながら進む——この二十年、美郷町で一貫しておこなわれてきたことだ。と同時に、公的なバックボーンも活用してきた。隣接する大田市の農林水産研究高度化事業の主体、農研機構西日本農業研究センターでは猪を専門に研究しており、研究者たちが〝害獣被害は猪や猿のせいではない、むしろ人間が畑を餌場にしてしまっている〟と農家に直接語りかけ、野生動物を近づけないための地域や畑づくりに変えなければ害獣被害は止まりませんよ、と指導を続けた。ならば、とにかく教わった通りにやってみようか。被害を止めるための木の剪定法、柵の設置の仕方、ネットの掛け方、柵の作り方、守りやすい畑の作り方……教わった通りに実行してみると、あんなに重く農家にのしかかっていた被害が手品みたいに減っていった。さらに、大阪府の「食とみどり技術センター」と連携して食品や資源としての分析評価を進め、〇一年には「夏イノシシ」を資源化する具体的な指標を立てる。猪を地域の価値として育てるために必要なものは何だろう——害獣としてしか見られていなかった猪を「生かし切る、とにかく最後まで生かし切る」。害獣を地域の活性化に結びつける発想そのものが、当時はまったく新しかった。

国内外になにかのモデルがあったのでしょうか。美郷町役場で、樋ケ司《ひのけ》副町長に素朴な疑問をぶつけてみた。

「いえ、とくに何もありませんでした」

モデルも理想の姿もない、とにかく手探りの積み重ねだったという。

「ハンターさんたちに頼らず、農家が自分たちで捕まえられないかと考え始めたのが二〇〇〇年、それから試行錯誤を重ねながら駆除班を再編成しました。美郷町の山くじらが今日までずっと持続できているのは、農家を主体にして組織した駆除班があるからなんですよ。全国の町でおこなわれている一連のジビエ振興とは違う要素のひとつが、美郷町の取り組みのバックにはハンターがいないということです。駆除班を再編成して猪がたくさん獲れ始めると、今度は、むだなく、おいしく、安全に食べる方向性を探らなきゃならん。駆除期間に獲れた夏の猪は、それまで近隣で肉を分け合うか、土に埋めるかだった。しかし、それでは資源にはなりません。農水省の試験場にサンプルを送ってデータを集め、まず食肉としての研究を始めました。何百頭もの検体を獣医学部のある大学に送ってやりとりを続け、安全な処理方法のマニュアルや食べ方を開発しながら、あせらず少しずつ販売ルートに乗せていったのです。カネをかけずにこつこつ、自分たちの力を発揮しながら一段ずつ階段を上がってきたことが、山くじらブランドの信用につながっていったのだと思います」

箱ワナで捕獲したあと、搬送用の檻に移して生体搬送する方法は、じつは町を訪れたフランス人の動物行動学研究者のアドバイスによるものだった。そもそも年間四百〜七百頭ほどの捕獲数では、千万・億単位のカネを投資したところで、採算は見込めない。カタチを求めず、カネもかけず、補助金に頼らず、欲をかかず、勉強会や話し合いを重ねながら、あくまでも自力。もともと地区ごとの活動がさかんで、結《ゆい》の意識が強いことも大きな基盤になった。いまでは、町のあちこちに住民たちが設置した四百基のワナがある。猪が、あらたな結束力を生んでいた。

樋ケ副町長が誇らしげに目を細める。

「安田君はともかく真面目で猪ひと筋、二十年間まったく考えがブレなかった」

猪という野生動物から得たものが糧となり、血肉となって、安田亮そのひとの生き方と道すじをつくっていった。いま安田さんの代わりが務められる存在は、日本全国どこを探してもいない。

二〇一六年、組合の売り上げ額は念願の年間総額一千万円を超えた。一七年には、地元で捕獲される猪の約六割、約四百頭を組合が引き取って処理、精肉から缶詰まで合わせると年間総売り上げ額約千五百万円に伸び、猪は着々と町の資源として育っている。

ちなみに、鳥獣害による農作物被害額も十年前に較べて約七割減少、一六年度は二百五十七万円まで落ちている。

私が美郷町に着いた翌日、広島県のある町の視察団が大型バスで乗りつけてきた。獣害対策で有名なこの町で、どんなすごい技を見せてもらえるの。みんなの顔にそう書いてある。興味しんしんでバスを降りた百人近い視察団に、いきなり先制パンチが飛んだ。

畑に立って活を入れたのは、農研機構西日本農業研究センターで鳥獣害研究チーム長を務める鳥獣対策の第一人者、井上雅央さん。いま美郷町の住人でもあり、「雅ねえ」と呼ばれてみんなに愛されている。

「いいですか。せっかくの視察なので、少々きついことを言います。猪や鹿や猿のほうが悪い思てるあいだは、何やっても被害は止まりません。悪いのは何やいうたら、守れない農業や集落管理をやってる人間のほうやと。これがわかったとこは、一年もたたんうちに被害をばんばん止めます」

満座がしーんと静まりかえった。

「この美郷町では、婦人会のおばちゃんらが自分らで被害止めてしもたん。それは、獣害問題に振り回されることなく、自分らが勉強して餌づけを止めよう思ただけのことです。みんながそう決めてひとつずつ実行していったら、動物からみたら行きにくい、住みにくい集落に変わっていくんです。

一番問題なのは、他力本願。とにかく補助金をあてにする集落に成り下がるな。獣害いうたら行政に任せようとする、ここが間違いなんです。そしたら勉強しない議員が出てきて、農家の味方のふりして、議会で机叩いてカネつけろと言う。で、一年経ったら市会議員から県会議員に変わっとる。県会議員から国会議員に変わると、とんちんかんなことをいっぱい言い始めます。大型捕獲檻とか、特定鳥獣の保護管理計画とか、ジビエとか。目先を変えるためのものにカネがつくからうまい汁吸う人たちが寄ってくるけど、農家の被害は何も止まらない。よーく考えてごらんなさい。農家の被害が止まらないほうが、儲かる人たちのとこへ全部カネが行く。それに振り回されてるのが自分らや、いうことに早く気づいてほしい。主人公は農家のみなさん自身です」

水曜日午前八時。

うっすら霧が這う山道を車で進むと、県道沿いに大にぎわいが炸裂している。美郷町名物、各地区の婦人会が持ち回りで開く定例朝市「青空サロン市場」。素朴な手作りの棚に並ぶ農作物は自分の畑で丹精したものばかり、ハヤトウリ二十円、大玉の白菜百円、かぼすの大袋百円、大根の醤油漬百二十円……並べた端からどんどん売れてゆく。朝からすごいパワーだ。

「こっち座って、これ食べてみて！　おいしいよー」

長テーブルにずらっと揃う料理が、またすごい。煮染め、卵焼き、鍋いっぱいのぜん

青空サロン市場

ざい、シチュー、香茸《こうたけ》入りおにぎり、卵サンド、自家製パン、おこわ、柿、りんご……目移りして困るくらいの満艦飾。丸太をぶった切った椅子には、カラフルな毛糸編みのカバーが敷かれてお尻を温めてくれる。

熱いぜんざいの椀をふうふう吹いていると、隣り合わせた男性から声がかかった。

「こんないいとこないですよ」

定年後、大阪から妻の出身地の美郷町に移住してきたという。農業や獣害対策についてまったく知識がなかったのに、「青空サロン市場」に来たら全部教えてくれたんですよ、柿、いちじく、ぶどう、キウイ、果樹の剪定法もここで習ったんです、いろんな情報交換や生活指導の場にもなっているし、役場の保健師さんやおまわりさんも来るしね……町の自慢話が止まらない。ふと見ると、きのう視察団をぎゃふんといわせた雅ねえが、薪ストーブに当たりながら名調子の最中だ。

「みなさん！ 柿の木の枝、教えた通りに早く切ってください。猿が出たらな、わかってるかァ、猿が悪いんやないで。犯人はそこに住んでる人や！」

「はーい、わかっとるわー」

とにかく明るい知の場である。

「青空サロン市場」の出発点は二〇〇七年、獣害対策講習のためのモデル圃場《ほじよう》「青空サロン畑」だった。丹精した作物がケモノに一網打尽にされ、心が折れる日々。一年めは、枝豆やさつまいもを根こそぎ猿にやられた。ところが、雅ねえを筆頭に獣害対策の研究者たちが開催する講習会で学んだことを実行すると、おもしろいように成果が上がっていった。と同時に生まれたのが、井戸端会議の場所。お母ちゃんたちはともかく柔軟だから、いっそう自信がついて積極的になった。今度は朝市をやってみたい、あちこちから声が上がると、じゃあわしらが小屋を作ってやるわ。お父ちゃんが出動し、自前で木材を調達し始めた。「青空サロン市場」のテーブルも棚も丸太椅子も、お父ちゃんたちが競い合うようにして張り切ってこしらえた。

「青空サロン畑」「青空サロン市場」を束ねる婦人会会長、七十二歳の安田兼子さんがきっぱりとした口調で語る。

「高齢化とか限界集落とか、そういう言葉ばかり聞こえてきますけれど、私たちは百歳になっても元気で楽しく暮らしたいという気持ちで集まっています。いえ、以前はね、自分の家がよければいいという利己的な考え方だったんです。でも、電柵の作り方、ネットの掛け方、枝の切り方、いろいろ勉強するうちに、自分のうちだけではできない、地域ぐるみで協力し合わなくちゃ被害は減らないとみんなが気づいていったんです」

兼子さんの話に耳を傾ける安田亮さんの顔は、とろけそうだ。

長い取り組みのなかで結実したものは、たくさんある。旧給食施設を活用し、猪の肉を身近な料理に生かして販売する婦人グループ「おおち山くじら惣菜倶楽部」の活動。

また、一年にスタートしたクラフト作りも、じつは安田さんの発案だった。タンニンなめしの革で作るオリジナルの財布、ペンケース、名刺入れ、靴べら……一頭まるごと有効活用する試みで、美郷町でしか売らない。自分たちの作ったものが評価されればうれしいし、楽しい時間を過ごせれば生きがいが持てる。かつてこの一帯は養蚕が盛んで、婦人たちが共同で手がける縫製業の土地でもあったから、協力し合う下地は親の代からできていた。むかしの活気が戻ってきた土地の弾みを、山中の猪はきっと聞いている。

美郷町は物語の主人公だらけだ。東京とパリ経由で移住してきた上海生まれの嵇さんの生き方も、とびきりユニークだ。

嵇さんがこの職に就いて二年が経つ。生体搬送から止め刺し、解体、精肉作業まで全工程を担うのだからオールラウンドな技術が要求されるが、なにしろ東京大学大学院からパリ第六大学のキュリー研究所に留学していた人物なのだから、探究心はひと一倍強い。嵇さんがナイフを自在に操って枝肉から骨をはずし、フィレ、ロース、バラ肉などの精肉に仕上げる様子を見ると、ナイフ仕事には性格や考え方がそのまま出るらしく、きわめて几帳面かつ緻密。肩ロースの脂のつけ方も、ナイフの運び方で計算して仕上げているという。地元の料理店「そら豆」で猪肉のハンバーグを出している安田文子さんは、「最近挽き肉がすごくおいしくなったんですよ」と話していた。

「部位によって、どこまで成形するか変えながら精肉作業をしています。挽き肉は、脂の混ぜ方によって料理の味が違ってくる。大事な商品だから責任があります」

毛一本も見逃すまいとする視線は、まるで謹厳な研究者のようだ。

「基本的なことは組合の前任者から手ほどきを受けましたが、もう必死でした。僕はインターネット世代だから、ＹｏｕＴｕｂｅの動画もすごく参考になるんですよ。ブラジルの兄ちゃんが陽気に肉をさばいてる手つきとか（笑）」

東京大学の理学部生物化学科で生物学を研究し、優秀な成績を引っさげてパリのキュリー研究所に留学したものの、文化や環境の違いに挫折、二十六歳のとき鬱を病んだまま帰国した。しばらく自宅療養したのち、いったん企業に就職してみたものの、うまくいかない。自分は社会に適応できないのだろうか。不安に苛《さいな》まれながら次の仕事を探していたとき、人づてに美郷町での仕事を知ってぱっと光明が差す思いがした。両親は、あなたのこの学歴で猪なの？　と混乱して大反対したけれど。

「嵇さん、美郷町に来てくれてありがとう、って感謝されることが一番うれしいです。あんなでっかい生きものを相手にできるようになって、肉もちゃんと商品にできるようになった。やっと自分に自信ができました。いまは両親も、僕が人の役に立てていることをとても喜んでくれています」

美郷町に自分の居場所を見出した嵇さんの目がきらきら輝いている。

東京のマーケティングコンサルタント会社で活躍していた女性も、「ここで仕事をしたい」と移住してきた。地域おこし協力隊としてやってきた森田朱音《あかね》さん、三十四歳。役場が東京の食肉販売「クイージ」（代表取締役の石﨑英治さんは、北海道大学大学院で林学を修め、シカ害を研究した）と地域活性化包括連携協定を締結、二〇一七年に生産者組合が事業譲渡して会社組織となった「おおち山くじら」の共同代表に就任、いまでは町の期待の星となって缶詰作りに本腰を入れている。もともと東京では地域活性分野を専門にしていたし、田舎暮らしや狩猟にも興味はあったけれど、まさか自分の人生に猪が突進してくるなんて想像したこともなかった。

「私、婦人会会長の安田兼子さんに出会ってノックアウトされたんです。兼子さんのエネルギーにやられた。みんな明るくて裏表がないし、とにかく楽しそうなんです。最初から違和感が一切なかったし、この展開に自分でもびっくりしています。野望は何ですか、と訊かれると『楽しく生活すること』と答えています。ここで生活することじたいがおもしろいし、楽しいんですよね。美郷町では月十万円あったら十分生きていける」

缶詰月産二千個、年間売り上げ一千万円が当面の目標だ。「おおち山くじら」代表としての課題は、精肉と缶詰の販売の安定供給をはかること。野生動物を相手に仕事をするむずかしさに、森田さんは取り組んでいる。

「おおち山くじら」の仕事場は、かつて保育所だった築五十年の木造平屋建ての建物で、いまも「乙原保育所」の古い木の看板がかかる。胸がきゅんとするなつかしい風情の旧給食調理室を使って、森田さんはパートさんたちを率いてビール煮やポトフをつくり、ひと缶ずつ手作業で具材を詰め、ラベルを貼って全国に発送する。

猪が集落を掘り起こし、刺激し、束ねている。このオリジナルな地域のあり方が高く評価され、美郷町は二〇一二年、鳥獣対策優良活動で農林水産大臣賞を受賞している。でも、そんな都会のおエラい賞のことなんか、誰の口からも一度たりとも聞かなかった。そのかわり、あちこちで聞く言葉は「楽しいから続けられる」。

いま、安田亮さんには懸念がある。

「この山くじらの地域作りの取り組みは、持続可能でなければならないし、バラ色の話でもなんでもないんです。人材の問題、近隣の市町との協力体制……まだまだ通過地点です。いま官邸主導でジビエ、ジビエって地方再生の切り札みたいに言われて、一六年度は鳥獣対策とジビエ振興の予算概算要求九十七億にハネ上がった。でも、国や自治体は最初の投資だけはするけれど、ブームのあとの維持や負担は自分たちにのしかかってくるんです。いったい誰のためのジビエ振興なのか。言葉に踊らされちゃならない。あくまでも自助、身の丈でやらないといけない」

主役は地域の住人。したたかで堅実な言葉である。

猪は、ジビエと呼ばれる野生動物は、全存在を賭けてせめぎ合いを挑んでいる。おまえたちはどう生きるのか、と。

美郷町を訪れて二日めの昼過ぎ。安田さんの携帯電話が鳴った。

「乙原地区で一頭、獲れました。ベテラン猟師さんのくくりワナです。すぐ行きましょう！」

安田さんといっしょに現場に急行し、車を出てガードレールの手前から山中の斜面を見下ろすと、黒い影がわさわさと蠢《うごめ》いている。くくりワナに掛かったのは前脚。遠目にもりっぱな体軀で、昨日の二歳前のオスとは迫力が違う。

連絡を受けて駆けつけた平川さんと嵇さんが、猟銃を手にして斜面を下っていった。くくりワナは、暴れれば暴れるほど肉が損傷を受けるから迅速さが要求されるうえ、万が一ワナが外れた場合の対策も、勝負の計算に入れておかなければならない。

ズドーン。

山中の空気を突き破る銃声一発。

黒い影はそのまま動かなくなった。

嵇さんがナイフで止め刺しをほどこし、その場ですばやく放血をおこなう。現場に近づいても構わないと許可をもらい、柔らかい土に足を取られて何度も転びそうになりながら斜面を駆け下る。

黒光りする剛毛に覆われた堂々たるメスの猪、推定五十キロ。どうと倒れこんでいるにもかかわらず、じわじわと伝わってくる威厳は、山中を生きてきた荒ぶる野性の証明なのだろう。ところが、不思議なことに、親しさ、慕わしさを感じるのだ。縄文時代から深い関係を結んできた日本人と猪の縁のなせるわざだろうか。あるいは、この猪が美郷町の山林を根城として駆け巡ってきたからだろうか。

ふと斜面に視線を走らせたとき、私は立ち尽くしてしまった。

あたり一面、ブルドーザーで掘り起こしたかのように木々の根がむき出しになり、掘り起こされてふかふかの寝床のよう、異様なありさまだ。そうだったのか。斜面一帯は、いま眼前に横たわっているこのメスの猪の豊かな食卓だったのだ。

土も水も風も光も、江の川も、ドングリも木の根もタケノコも、土地の自然がまるごと猪のなかに入っている。

二〇一九年十月三日。ふたたび美郷町を訪ねると、あらたな物語が始まっていた。

「おおち山くじら」を盛り立てる中心人物、安田亮さんは、役場に新しく設置された「山くじらブランド推進課」課長として、細い身体とまるで邪気のない笑顔でくるくる走り回りながら相変わらず猪とがっぷり四つに組んでいる。美郷町役場の大きな変化のひとつは、一八年、美郷町町長に嘉戸隆さんが就いたこと。地元で生まれ育った嘉戸さんは一九六四年生まれ、東京の証券会社で活躍したのち、美郷町に戻って現職に就いた異色の経歴の持ち主だ。この土地を「鳥獣害対策版シリコンバレー」としてさらに活性化させる構想を描いている。

五十代の嘉戸町長の口から出る言葉は、柔軟でイキがいい。

「美郷町は〝ないことを探せば、たくさんある町〟です。公立病院がない、高校がない、鉄道がない、ホームセンターもドラッグストアもない。しかし、変革は辺境から始まるのだと思います。猪は、ほかの町には負けない強みのひとつです。美郷町はバリ島マス村と姉妹都市提携を結んでいるのですが、伝統芸能の石見神楽《かぐら》とバリ・ヒンドゥーの文化にも共通項を見出しています。このあたりはもともと天領だったんですよ。石見銀山が栄えていた江戸期、いわば技術者やサービス業者が集結する大きな宿場町でもありました。そもそも外部から多くのひとを迎え入れていた土地の力がある。何もないけど知恵がある、です」

その通りだろう。物語は、つねに何もないところから始まるのだから。

じつはこの日は、安田さんの大仕事の当日だった。今日から三日間連続、町民ホールで開催される「山くじらフォーラム」の仕掛け役として、入念に準備を重ねた初日。たんなるお祭りにせず、獣害対策を軸にして多くのひとが交差する情報発信の場にしようという粘り腰が、さすがだ。壇上に上がるのは、大学の鳥獣害対策の専門研究者、NPOの研究者、町づくりに携わる企業の開発者、美郷町を取材したNHKのプロデューサーやディレクター、三重県津市の農林水産政策課の職員……それぞれの目線で獣害対策や地域づくりが熱っぽく語られ、締めくくりに吾郷地域婦人会による紙芝居「山くじら物語」が披露されるところも美郷町ならではのオリジナリティだ。初めて「山くじらフォーラム」が開かれたのは二〇一一年、このとき三日間で全国各地から延べ六百人を集めて以来、こうして着々とネットワークが築かれていることに感動を覚える。

森田朱音さん、平川洋さん、嵇亮さんたちが勤める会社「おおち山くじら」は、あらたな試練に立ち向かっていた。一八年、西日本豪雨によって江の川が氾濫、河川にほど近い場所に建つ食肉処理場が床上浸水を被り、そののち寄付を募ってどうにか営業を再開したが、しかし、今後の豪雨の可能性を見極めて高台に施設を移転させる決断をした。建設費用、総額四千万円。会社設立から二年目の思い切ったチャレンジだが、ふたたびクラウドファンディングで寄付を募って移転を実現。自分たちのやり方で「猪と共生する町」の存続を着々と、しぶとく目指す。さらに、とびきりのニュースも聞いた。森田さん、嵇さんもそれぞれに地元で結婚して家庭をもち、美郷町に生活の根を下ろしていた。

獣害対策の先頭に立つ指導者・雅ねえ、婦人会を率いる兼子さん、猪クラフトや料理をつくる婦人会のお母さんたち、脇で支えるお父さんたち、相変わらず熱気がむんむん伝わってくる。二年前、この土地に初めて足を踏み入れたときにもおなじことを思った。

ここで猪に関わって生きるひとたちの笑顔は、どこか不思議に突き抜けて朗らかだ。

美郷町の物語は、ページをめくるたびに新しい。その物語のゆくえを猪と人間が握っている。

3章　鹿——埼玉〜山梨・奥秩父　鹿を狩る

陽はまだ昇っていない。

早朝五時五十分、まだ薄暗い林道に入って歩き始めると、あたりは根雪に覆われた白い世界に変わった。春間近の三月とはいえ、冷えびえとした空気が肌に刺さってくる。三角の爪が鎖状についたチェーンスパイクをザックから取り出し、トレッキングシューズに装着すると、ざぐ、ざぐ、足を踏みだすたびに音を立てて氷雪に食い込む。この道具ひとつで、雪の上でも驚くほど足取りが軽くなることを初めて知った。

二〇一六年三月、山梨と埼玉との県境に近い奥秩父の山中。先頭をゆくのはサバイバル登山家、服部文祥さん。肩に下げるのは銃身の長い散弾銃、口径二十番。一九九九年から服部さんが始めたサバイバル登山は、最小限の装備で山に入り、食糧は可能な限り自力で調達しながら自然そのものに近づく行為だ。そのひとつとして冬場の鹿猟がある。今回の出猟は服部さんにとって今期十三回め、そこに私、担当編集者Iさん、カメラマンSさんの三人が同行した。

歩き始める前、服部さんから諸注意があった。

銃の誤射事故を避けるため、銃の前を絶対に歩かない。

つかず離れず二十〜五十メートル後につく。

もし見失ったら林道に出て、動かずに待つ。

会話は基本的にアイコンタクトによるものとする。

これまで私は何度か狩猟に同行したことはあったが、いずれの機会も、山から降りてくる猟師を麓で待ち受けた。しかし、今日は猟銃を携えた服部さんのすぐ後方を歩き、その一部始終を見届ける。おのずと緊張は高まるのだが、まず求められているのは自然環境に溶け込んで気配を消すことだ。

不意にバサバサと音がした。ひやっとして首をすくめると、樹木から飛び立つヤマドリ。こんなふうに、鹿はいきなり現れるのだろうか。

雪道を歩き始めてほどなく、右上方のヤブから鋭い声が響いた。

ピイ！

鹿だ。声の方向を目で探ってみるが、木々はそよとも動かない。「ようこそ」と歓迎してくれているのかと喜んだのだが、「いや、あいつはいつもあの地点で鳴くヒステリーなんです、テリトリーを侵すやつに向かって威嚇《いかく》している」。服部さんからあとで教わった。

私たちはすでに野生の領域に入っている。メスはきょうだいや子ども連れで行動し、オスは一頭だけで動くことが多いという。鹿は確かにどこかにいて、こちらを見ている。いつ、どこで、どのようにして鹿にまみえるのだろうか。

ずっとこの日を待ち望んできた。一年前の五月、服部さんの家でご馳走になった鹿肉カレーには奥秩父で獲ったオスとメスの鹿肉がごろごろ入っていて、嚙みしめると野生の肉のうまみが迸った。服部家では、解体した鹿の干し肉や骨を叩いてニワトリの餌にしているのだが、そのニワトリが生んだ玉子ときたら！　がっちりと締まった硬い殻を割って出てきた中身を箸でつまみ上げると、驚異的な弾力。つやつやの濃い黄身は濃厚なクリームさながら、史上最強のたくましい玉子かけごはんに度肝を抜かれた。鶏、玉子、鹿、これら三つが味覚を通じて連鎖し、奥秩父の鹿がパチパチと信号を送ってきた。待とう、つぎの猟期まで。

そして、猟期が終了間近に迫った三月初旬、でかいザックを背負って奥秩父へ向かうことになった。

気温の上がる三月に入ると、地形、陽当たり、温度の違いによって、根雪にはいろいろな変化が現れる。氷まじりのシャーベット状、足を入れると数十センチ沈みこむふかふかの綿状、溶けて固まった氷状……しかし、先頭をゆく服部さんの足取りは一定のスピードを保ち、重心に上下動がなく、どこを歩いてもペースを崩さず淡々と進む。この安定したフォーム、乱れのない足の運びが、ベテラン猟師も感服するという服部さんの武器のひとつなのだろう。猟仲間の肥沼建雄さんによると、「あの頑強な歩きは登山家ならでは。僕らでも引き離されてしまう」。小さなザックひとつと猟銃一丁を担いだ背中を見失わないようについてゆく後続の三人は、こけつまろびつ、必死である。

三十分ほど歩くうち、鹿の存在をあちこちで確認するようになった。

足跡と糞。雪道に押されたハンコのような足跡は、時間が経過して雪が凍った古いもの、さっき通ったばかりと思われる新しいもの、数メートル続く長い列もあれば、沢へ駆け下りた跡もある。または、乾いた糞、生々しく黒光りしている糞。猟を行う者にとって、これらすべてが大事な情報だ。足跡が新しく、しかも何本かの列が混在していれば、近くにエサ場や寝場所がある可能性が高い。猟銃を担いで歩きながら、服部さんは「なぜ今年はこっちに足跡が多いのだろう」「雪が降ったから上方にいるのか」……目前の最新情報と過去の経験を繫ぎ合わせ、さかんに分析する。ササの食べ具合や剝がされた樹皮などの食痕も、鹿の活動を探るための判断材料だ。「一番いい情報と自分を信じて」自在にルートを選び出しながら、服部さんは鹿になろうとしていた。

ピイ！の声を聞いてから一時間ほど過ぎた頃、立ち止まって周囲のヤブを見渡している服部さんが首をひねった。

「いないなあ。おかしい」

確かにいない。歩き続けているのに、ヤブが揺れる気配さえ伝わってこない。さっき立ち止まって銃を構えかけた理由を訊くと、テンが至近距離を走っていったからだという。でも、テンの狩猟期間は終わっているし、そもそもテンが相手ではない。

「出会わなきゃ何も始まらない。どんなに射撃が巧くても、猟の八割は出会えるかどうかにかかっています」

山中を歩くと、その言葉の意味合いを実感する。「いまどこにいるの」と鹿に電話を掛けられたらどんなに楽かと思うのだが、居場所を一番知られたくないのも鹿なのだった。緩やかな斜面を抜けながら、服部さんが「あっ、あそこ」と指差す先を見ると、木々の間に茶色の骸《むくろ》がある。狐や猪に食べられた鹿だという。皮がめくれて乾き果て、ひと山のこぶになって地面と同化し始めている。周囲の雪道には、白骨化した頭や脚の骨の断片がからからと転がっていた。死んだ鹿の存在感が、山中に野生の気配をいっそう色濃く漂わせる。

(ここで待っているように)

前方を歩く服部さんがアイコンタクトで伝え、ひとりでケモノ道に入っていった。戻るのを待ちながら時計を確かめると、午前八時過ぎ、歩き始めてからもう二時間半が経過している。ポケットからあめ玉を取り出して口に入れると、甘さが疲れを溶かし、現実感を引き戻す。時間が経つのが早いのか、遅いのか、その感覚もすでに山中に紛れこんでいる。ゴアテックスのアウターを脱ぐと、ダウンベストを通じて発散された汗の蒸気で、裏側がびっしょり濡れていた。息を整えがてら木株に腰を下ろし、さわさわと沢の水が流れる音を聞いていると、脳がとろんとしてくる。

静寂を破って、ヤブのなかからガサゴソと人影が現れた。戻ってきた服部さんに訊く。

「どうでしたか」

「いないすね。会えるときは会える。でも、こんなに会えないことはないんだけど……」

冷静沈着な服部さんだが、顰《ひそ》めた眉に小さなあせりが浮かんでいる。

「視界が通りにくい薄曇りより、今日のように春の光が射す日のほうが猟には不向きなんですよ」

こちらから見えやすいということは、鹿にとってはもっと見通しがいいということ。それとも、私たちが調子を狂わせているのだろうか、申し訳なさが頭をもたげてくる。しかし、多少のあせりはあっても、諦めの気配はない。「ピー」と動物が甲高く鳴いたので身を起こすと、「いや、あれは鳥っす」。

それからが長かった。出発してから四時間を過ぎると、トレッキングシューズのなかで爪先がじんじん痺れ出した。ヤブの斜面を登ったり下りたり縦走したり、経験したことのない難場での雪中行軍。いっぽう服部さんは、ときおり私たちを待たせてケモノ道の捜索を繰り返すのだが、ともかくまったく足を止めない。ベテラン猟師も脱帽するスタミナと精神力。しかも、気配は見事に消えている。その姿を見失うまいとついてゆくのだが、限界を超えた脚の筋肉が震え始める。膠着状態のまま、時間だけが過ぎていった。

午前十時半過ぎ。雪のない平地に差し掛かった地点でひと休み。仰向けに寝転がって、ザックから丸パンを取り出してかぶりつき、汲んできた沢の水を喉に流し込みながら、服部さんがしきりにつぶやく。

「おっかしいなあ。何かがおかしい。こんなの初めてだ」

今期は山中に入るたび一、二頭ずつ仕留めてきたし、出会うときは数十分とかからないこともあるというのだが、もう五時間近く歩きっ放しだ。

「〝どこに出猟するかを話すと山の神が獲物を隠す〟って言うけれど、こないだ品川のカレー屋で打ち合わせをしたときに聞かれてたのかな（笑）。いや〜まいったな」

最強のサバイバル登山家も泣き言をいうのだと思ったらちょっとうれしくなったが、この緊迫した局面で言える軽口ではなかった。それでも気を取り直して歩き始めて数分後、急斜面の上方で「ピイ！」、ヤブが一瞬動くのが見えた。こんな小さな出会いを五、六回繰り返したのち相まみえるのが通常らしいのだが、山の神は、私たちの前から鹿を隠してしまうつもりなのか。

太陽が真上に昇った。時計を見ると、昼十二時半を回りかけている。日の出前からたっぷり半日粘ったあげく、ついに服部さんが白旗を揚げた。

「今日は切り上げましょう」

苦い表情に悔しさと未練が入り混じっている。出発する前、服部さんから装備について詳細な指示が送られてきたとき、予定表にこの一行があった。

「当夜は鹿鍋を予定」

いまとなっては、「予定」の二文字が重い。ふくらはぎの筋肉痛を実感しながら、あらためて認識し直していた——自力で調達できなければ食糧は手に入らず、空腹を満たすこともできない。食べることは、まず出会うこと。狩猟とは、人間が一個の生命体として動物と向き合い、食の原点に立ち戻る行為である。

使わずじまいの猟銃を担いで山道を下る服部さんに、前代未聞の長丁場の労をねぎらうつもりで「今日は残念でしたね」と声を掛けると、こんな言葉が返ってきた。

「でも、誰も死ななかった。みんながハッピーな日です」

生きものを獲ることは、自然界に介入していのちを奪う行為である。でも、と服部さんは言う。狩猟経験を重ねて動物を深く知るにつれ、人間のいのちも動物のいのちも同等の重さを持っていると気づいていきました。では、自分と動物との境界線がなくなっているのに、なぜ人間には一方的に殺すことが許されるのか。今日までずっと自問自答を繰り返してきたけれど、その答えは出ていません——。

帰り道、服部さんが念のために確認しておきたい場所が一ヶ所あると言い出した。ここから三百メートルほど先の地点でたまに鹿を見かけるんですよ。未練を捨て切れず、まだ粘るつもりらしい。三百メートル先を見ている視線には、さっき浮かんでいた悔しさの色はもうなかった。

その場所は、雪こそないが、這い上がらなければ越せないような傾斜四十度近い急斜面の向こうにあった。しかし、服部さんは腰もかがめず、すたすたと登ってゆく。両脚の筋肉が崩壊寸前の私とIさんはヨレヨレふらふらと斜面を登るのだが、すぐ息が上がり、どうせ服部さんはすぐ戻ってくる、斜面の途中で待とうと日和《ひよ》りかけていた。

そのときだった。

バーン。

静寂を突き破る一発の猟銃の音。

残響が耳の鼓膜を震わせ、あたりはしいんと静まり返った。私とIさんは顔を見合わせ、一転、猛然と斜面を駆け上がる。

三十メートルほど先、茶色の大きな塊が横たわっている。その脇に立つ服部さん、ひと足先に現場に辿り着いたカメラマンのSさん。これ以上一歩も動けないとへたばっていたのに、私たちは足をもつれさせながら全力で駆け寄る。

どうと倒れた一頭の大きなメス鹿。

撃ち倒したのち、すばやくナイフで頸動脈を切って止め刺しを行ったのだろう、喉から血を流しながら、濡れた黒曜石のような目を虚空に漂わせている。前脚がしきりに宙を掻き、後ろ脚は何かを激しく蹴り上げようともがく。開いた喉もとから、ごぼっ、ごぼごぼ、空気の漏れる音が断続的に聞こえ、噴き出す血のなかに大小の泡が混じる。瀕死の状態なのだが、しかし、この激しい動きをどう受け止めてよいのかわからない。

「がんばるなこいつ」

状況に戸惑いながら、服部さんが何度も口走る。

「悪いことしたな。かわいそうにな」

一発で仕留めなかった瀕死のメス鹿に向ける言葉に、混乱と申し訳なさの感情が混じる。平地にねそべっていた四頭のうちの一頭。弾はあご下を貫通、適切な止め刺しを行ったにもかかわらず、倒れてなお暴れている。一頭一頭、狩猟の現場に起こる状況を、服部さんはすべて記憶にとどめているという。

「撃たれた瞬間、脳震盪《のうしんとう》を起こして倒れたのかもしれない。ともかく早く楽にしてやらないと」

至近距離から脊椎を撃ってとどめを刺すと判断した服部さんが、あらためて猟銃を構え、狙い定める。

バーン。

ふたたび爆音一発。

メス鹿は、虚空を蹴っていた四肢を痙攣《けいれん》させながら土の上に下ろし、ゆっくりと静かになっていった。

これまで家畜のと畜には何度となく立ち合ってきたが、野生の動物が目前でいのちを閉じる瞬間に立ち合うのは初めてだった。

私は、狩猟を通じて積極的に野生に介入してしまったのだ。ついさっきまで「みんながハッピーな日」だったのに、もう取り返しはつかないのだと思うと、にわかに動揺する。メス鹿は、私たちと出会わなければ、いまもうららかな春の光を浴びてのんびり昼寝を続けていただろう。しかし、動物を獲って生き長らえてきた狩猟の長い歴史に自分が連なっている確信を覚えたのも事実だった。説明のつかない感情の渦に巻き込まれながら、延々七時間を費やしたのち、ついに服部さんが仕留めたこの毛並みのすばらしいメス鹿にたいする期待がふくらむのを抑えられなかった。

仕留めた肉のおいしさは、狩猟の質に比例する。

これは絶対的な自然の摂理だ。すぐさま血抜きを行わなければ、血が肉に回ってしまい、臭みや淀みが生じる。また、猟犬を使う狩猟の場合、むやみに追い立てられるとストレスを与え、肉にもダメージをおよぼす。肉の味を大事にするということは、狩猟から解体までひとつひとつの過程をゆるがせにしないということ。

狩猟者の動きには無駄がない。鹿をあおむけに寝かせ、ベストの内ポケットからナイフを取りだして握り、刃先を胸部に差し込む。

まず胸骨と腹膜を切り開いた。両手で胸骨をつかみ、左右にぐーっと押し広げると、「おお」。誰からともなく感嘆の声が上がった。脳裏に浮かんだのは「美しい」という言葉だ。メス鹿の肺がピンク色にきらきらと輝いて、まばゆい。

刃先が道案内役となって、ついさっきまで山を駆け回っていた鹿の秘密を教えてくれる。胸骨を開くと、現れたのはフラミンゴピンクの美しい肺。角がきりっと立ち、クリスタルガラスを連想するほどきらっきらに輝いている。これまで百数十頭の鹿を解体してきた服部さんが驚きの声を上げた。

「本当にきれいだなあ。こいつ、煙草吸ってなかったな（笑）」

頑強な胸骨は、大工仕事を施すように木切れでナイフの柄をガッッと叩いて開く。皮を剝ぐときは、握りこぶしを皮と脂肪との境目に押しこみ、腕の力をこめて皮を引き剝がす。

ナイフの刃が、喉もとに刺さりこむ。スウェーデン製モーラナイフ。十九世紀末にスウェーデン・モーラ地方で生まれた伝統的なナイフだ。皮の下の白い脂肪が視界に飛びこんでくる。ぐっ、ぐっ、刃先を沈めながら胸側へ分け入ると、まったりと艶やかな白い脂肪の奥から赤い肉の層が現れた。

「鉄砲は、撃ってからが力仕事なんです。狩りガールにはちょっと大変かもしれない」

推定約五十キロ、二歳の大物メス鹿とがっぷり四つに組んでの一本勝負は、時間とのシビアな戦いだ。頸動脈を切って止め刺し、血抜きをおこなってから内臓を取り出すまでの理想的な時間は十五分以内、遅くとも三十分。うかうかしていると胃や腸内でガスが発生して匂いが肉に移るし、血抜きが悪ければ空気に触れた肉が酸化し、獣臭が出る。血抜きと解体のスピード次第で肉の味は激変する。

地面に仰向けに固定した鹿の腹部を、大きく切り開く。体腔内に服部さんの手が入ると、ぱんぱんにふくれた胃袋、うねうねと波打つ腸がぞろりと出てきた。まず直腸を切って結紮《けっさつ》、今度は喉もとから気管と食道を引っ張り出すと、シャッターを切りながらカメラマンSさんが目を輝かせて言う。

「あっ、洗濯機のホースそっくり」

内臓は、全体として捉えれば複雑に映るけれど、ひとつずつ個別に観察すればなんとなくユーモラスでもある。風船みたいにふくらんだ胃を服部さんが切開すると、よくこれだけ食べられるなあと呆れるほど、食んだ草がみっしり詰まっていた。

「樹の幹の皮とか全然入ってない。悪さをしていない証拠です」

解体は、獲物の生態を探る情報収集作業でもある。

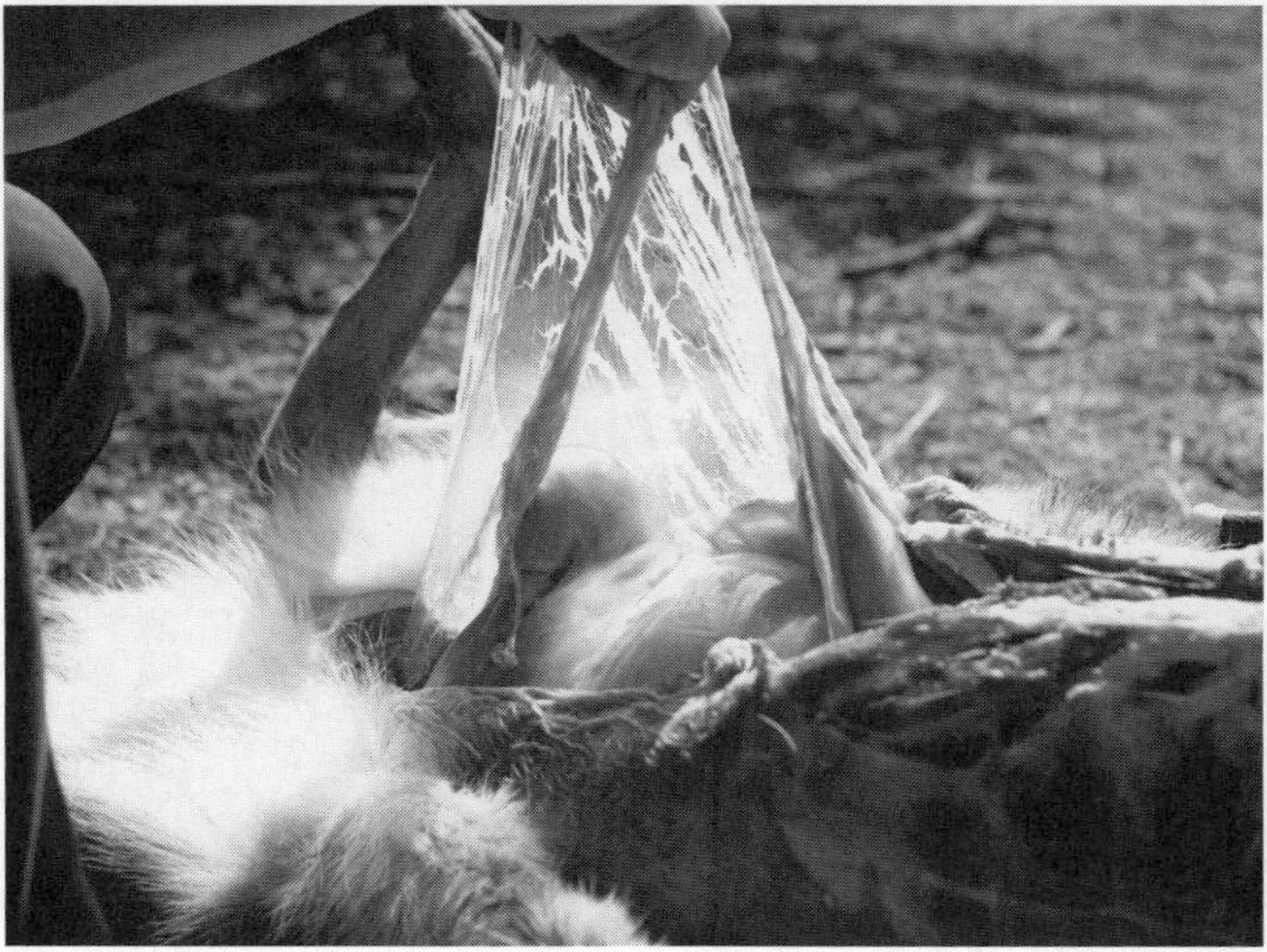

背骨にくっついている複数の筋や腹膜を切り外すと、内臓全体がひとまとまりの袋状になってきれいに外れる。ぽっかり空洞になった体腔を覗きこむと、春の陽炎《かげろう》のような温気がほわほわと立ち昇っていた。

山の精肉店のおやじとなった服部さんは、「三月なのに網脂が多いな。今年の冬は過ごしやすかったのかな」などとつぶやきながら、着々と仕事を進める。切り分ける部位は七種類。背ロース、内ロース、後ろ脚、前脚、あばら、心臓、舌。このうち、内ロースだけ先に取り出し、あとの精肉作業は小屋に戻ってから行う算段だ。一部を除いた内臓の残滓《ざんし》は周辺の繁みに散らして山に戻し、獣や鳥たちにおすそ分け。

切り出した内ロースを掌にのせて眺めると、ナノレベルで光る。

「撃った鹿の肉質のよしあしはどのタイミングでわかるものですか」

「近づいていって毛並みを見たとき、つまり開ける前にわかります。毛並みがよくて全体に丸いのがいい。筋肉や脂肪がなんとなくまあるい感じ、ガリガリしていない。そういう鹿は、肉が虹色に光っている。切り口、細胞、筋肉の筋が凸凹だから油膜みたいに光って見えるんです」

「触っても違いますか」

「質のいい肉は締まっていて、ねとっ、ぺとっとして指先にくっつく。ハリと輝きがあります」

夜明け前から山中を七時間かけて彷徨したあげく、一行四人がついに出会ったこのメス鹿は、艶やかな毛並み、がっちりとした体軀、引き締まった肉質、ぴかぴかに光る内臓――一連の解体作業を通じて、最上級の獲物の予感が高まってゆく。さっききナイフで切り取ってもらって味わった小さな赤身の生肉片は、うっとりするほどなめらかで甘かった。

およそ十五分、すばやく内臓を取り終えた服部さんが、おもむろにザックから取りだしたものがある。雨具の上下だ。展開が読めないぞ、と訝《いぶか》しんでいると、がさごそ着こみ、地面に横たわっている鹿の後ろ脚をよいこらしょ、一本ずつ両肩にかけて担いで立ち上がり、鹿をおんぶ！

獲物を山から下ろす局面が待っていた。単独猟は、獲物を下ろす大仕事も自分でこなさなければならない。もともと五十キロ近いメス鹿の重量を一身に受けながら恬淡《てんたん》とした表情で歩き出すのだが、その足取りにはさすがにかすかな疲労が滲んでいる。雨具の背中で、首の皮一枚でつながった鹿の頭がぶらんぶらん、柱時計の振り子みたいに揺れる。

小屋に帰還すると、どっと疲れが押し寄せた。山を下り、車の荷台にビニールシートでくるんだ鹿を乗せ、ようやく麓まで。無事に帰りついてトレッキングシューズを脱ぎ捨てると、解放感に満たされたが、足はすっかり棒になっている。

「長い一日だったなあ」

まだ午後三時半なのに、口々に言う。

服部さんもしみじみつぶやく。

「よかった、獲れて。ほっとした……」

底が抜けたような安堵と消耗感。これもまた狩猟の醍醐味だろうか。本当にお疲れさまでした。ねぎらいながら、いったん諦めかけたのに、土壇場でひと粘りする意地と精神力にあらためて感服する。

「チャイ、飲みましょう」

そうだ、そうだった。服部さん手製のチャイも楽しみにしていた。

ガソリン燃料のコンロで湯を沸かし、水、生姜、紅茶の茶葉、ザラメ、塩、ミルクパウダー、チャイマサラ。茶葉を煮出すと、アッサムの香りがあたりに広がり、まだ飲んでもいないのに恍惚感に包まれる。カップに注いでもらった熱いチャイを啜ると、糖分、ほのかな塩味、濃厚なミルク風味が押し寄せてくる。インドやパキスタンの旅で覚えて以来の気に入りと聞き、チャイは疲労回復と精神安定をもたらす飲み物だと納得した。

もうひと仕事が残っている。山から運んだ鹿を半身にし、前脚二本、後ろ脚二本、背ロースやあばら肉などに精肉する後半の解体作業。熱いチャイでエネルギー補給した服部さんが、「さっさとやっちゃわないと飯が食えないもんな」。

精肉作業は今夜の飯の準備でもある。背骨に沿って走る細長い赤身、背ロース肉はまっさきに確保したい貴重な部位だ。半身に割った肩にナイフを入れ、あばら骨に沿わせて刃先を進めながら慎重に筋膜を剝いで切り離すと、七十センチほどの棒状の赤身が二本取れた。小一時間のうちに、一頭の鹿は頭部、あばらを含む胸部、前脚二本、後ろ脚二本がきれいに解体された。皮を剝いだ後ろ脚を両手に受け取ると、八〜九キロはあるだろうか、思わずよろける。手指を通じてほかほかと伝わってくる肉の温もり。

作業に集中している服部さんに、あえて訊いた。

「狩猟しているとき、殺生という言葉は浮かびますか」

「浮かぶ。浮かぶけれど、出会った以上は撃って獲りたいという猟師の欲とのせめぎ合いです。ただし、撃つときは面と向き合う。今日の鹿も、撃つ前に『はっ』と声を出してこっちの存在を知らせました。相手が気づいていないのに撃つと、覗き見してるような、アンフェアな気持ちになる。説明しにくい感情なんですけどね」

せめて動物と対等になりたいという思いが働くのだろうか。

服部さんが狩猟免許を取得したのはサバイバル登山を始めた五年後、二〇〇四年。目前で泳ぐイワナを捕らえ、リアルな食糧に換える経験を重ねるうち、ふだん食べている肉と自分との関係をおのずと捉え直すことになったという。と畜を他人任せにし、自分はただ食べるだけの心地悪さ。もっと生命の根源に関わりたい、と狩猟に挑みながら、ある確信を発見してゆく。天然のイワナ、野生の鹿、山菜やきのこ、みずからの手で食べものに換えた野生の生命は「単純に、うまい」。その味には「説明のいらない圧倒的な違い」があった。

発見がもたらした料理のひとつが、当夜の鹿肉の味噌煮込み鍋である。

最初に聞いたとき、意外だった。煮るより、シンプルに焼くほうがおいしいのではないか。味噌味より、塩だけのほうが鹿の持ち味が生きるのではないか。ところが、腰を据えて味わううち、私の早計な思いこみはくつがえされることになる。

服部さんの料理は、要所を押さえた丁寧なものだ。まず、切り分けた胸肉や前脚からひと口大に小分けにした肉を湯がく。あらかじめ湯通しすると、肉についた毛が落ち、雑味も取れる。アルマイトの大鍋に湯を沸かし、ぶつ切りのにんにくと生姜、味噌、酒。そこへ下煮した肉を加える。

「煮込むとどんどんうまくなってくるんすよ」

早く箸を伸ばしたい衝動に駆られるのだが、「待て」の声。Sカメラマンと編集者Iさんが包丁をぎこぎこ動かして制作した大根のいちょう切りをどっさり足し、惜しげなく肉をぼんぼん投入する。私は浮いてくるあくをお玉ですくう係に回ったのだが、驚いた。不思議なほどあくが少ない。鍋から立ち昇る湯気には獣臭も一切なく、ふくふくと豊かな肉の香りが鼻腔をくすぐる。

三十分過ぎた。ガラス窓には蒸気が溜まり、水滴がつつーと垂れる。とっぷり日暮れて、山の外気は急激に冷えこんでいるだろう。

「そろそろでしょうか」

「ほんとにうまくなるのはまだ先ですけど、よし、じゃあ食い始めますか!」

待ちきれずに箸を伸ばして手近な肉をつまみ、口に入れて嚙みしめると、ぷりっぷり。歯の間で肉が弾み、さらりと癖のない赤身のうまみが広がった。なんと上品な味だろう。驚いて、また箸を伸ばす。肉がくいくい弾力を返してくる。繊維の内側からじゅうと味が迸る。淡白なのに舌にこくが絡みつき、味噌のまろやかさが肉の風味を引き立たせる。もう止まらない。肉のだしを吸いこんだ大根、まいたけ、ねぎが鍋を盛り立てる。

はっと気がつくと四人みな、無言で肉を貪《むさぼ》っている。

「この鍋、ずっと食べられそう」

「そうなんです、エンドレスで食えるんです。飽きがこないっちゅうか」

「まだこれからですか」

「まだまだ。いま中間地点です。もっと肉がほくほくになりますよ」

なんと飛距離のある鍋だろう。鹿肉に潜むおいしさを誘いだす魔性の鍋。背中も足先もぽかぽかに温まってくる。

後半戦を待ちながら、問わず語りに料理人生について聞く。

少年時代、ツクシや筍、カエルやバッタが食べられると聞いて興味をそそられた。自炊を始めたのは大学生のとき。仕送りを節約しては登山に出かけていたから、食材を経済的に扱う習慣が身についた。当時のバイブルは、母から渡されたグラフ社の村上昭子著『はじめての煮もの炊きもの』。学生時代から、母より自分のほうが料理はうまいと自覚していた。一食をおいしく食べる知恵を磨いたのは、登山生活だ。釣ったイワナを食べ始めると、魚を上手に下ろしたくなり、魚を一尾買ってきては包丁さばきを練習した。サバイバル登山は、料理の実地訓練の現場でもあった。

「釣りの上手な仲間といっしょに行くと、『まず刺身ぶん釣るか』。何の料理をつくるか決めて、釣りをします。釣った瞬間、そっちは刺身、こっちは塩焼きでいく……食う瞬間のイメージを持って釣る。獲る最初から、食べる最後まで繫がっています。肉も同じ。俺は、山に食糧を調達しに来ている」

狩猟。解体。調理。食糧を生み出す三つの行為が繫がっている。

「おっ、いい感じだ、肉がほくほくになってきました。うどんも入れよう」

鍋を覗きこんだ服部さんが相好を崩す。小一時間くつくつ煮こんだ鹿肉は、筋や腱がほぐれてぷっくりとふくらみ、見るからにうまそうだ。くにくに、ぷにぷに、むにむに、変化に富んだ嚙み心地が弾みをつけ、肉がどんどん口に飛びこんでくる。そのうち、少しずつわかってきた。とりわけあとを引くのは、腱や脂肪がくっついているやつ。この精緻なうまみは、牛肉も豚肉も羊肉も鶏肉も、つまり配合飼料を与えられて育った家畜の肉とは一線を画す野生の味。これが山を駆け巡った鹿から受け取った贈りものだった。

せっかくだから、と背ロースと内ロースを焼き、塩とこしょうで食べた。

「うまいな。この肉、とんでもなく上品だ。お子様でもわかりやすい味。あと味もいいな」

みんな無言で肉を食らい、ずぶずぶと鹿肉の虜《とりこ》になる。この純粋な味には、天然自然の風格のようなものが感じられる。Iさんが冷たい沢の水で手をまっ赤にして洗った第一胃（ミノ）と第二胃（ハチノス）を焼くと、まろやかな脂がとろけた。これまで何度もレストランで味わった鹿肉がおぼろげになってしまうのだから、味の説得力とは残酷なものだ。仕留めた鹿はずば抜けて健康優良、掛け値なしに一級の獲物だった。

鹿を食べることが、私たちは誇らしかった。

その夜、シュラフにもぐりこんでもなかなか寝つかれなかった。朝から休みなく歩き続けて疲労困憊だったし、とんでもなく満腹で、すぐ眠りに落ちるはずだった。しかし、頭の芯は冴えるいっぽうだ。

目を閉じると、繁みのなかに一頭のメス鹿がすっくと佇んでこちらをじっと見ている。視線が合うと、くるりと身をひるがえし、しなやかな走りをみせて山中に消えてゆく。

映像が消えては現れ、消えては現れ、曼陀羅絵のように堂々巡りを繰り返す。

鹿に出会ったことが私たちはうれしかったけれど、鹿は私たちと出会ったことをどう受け止めたのだろうか。

猟銃とナイフと箸を持ちながら考え抜いてきた服部さんは言う。

「獲物は自分たちの生涯を生きてきている。鹿は鹿の経験を積んで、俺は俺の経験を積んで、一生懸命生きてきた者同士が山で交差する。獲れればやっぱりうれしい。自分の能力を、映し鏡のように獲物に集約して見ているんだと思う」

今日という日を授けてくれた一頭のメス鹿について考えながら、私は夜明け近くまで眠れなかった。

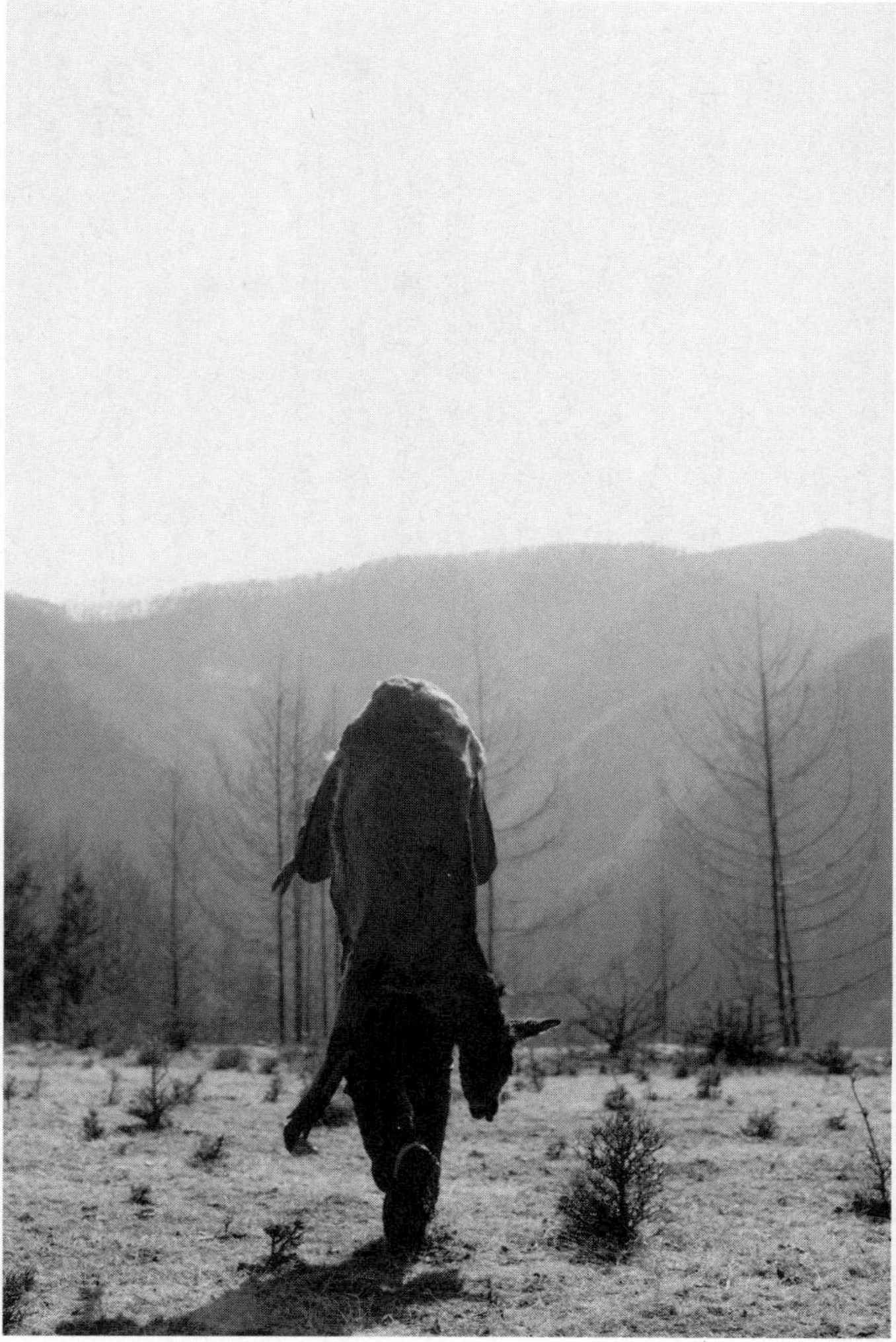

4章　鳩——東京・門前仲町「肉にも旬がある」

原生林に囲まれた滋賀の山奥で、松原さんの口から「パッソ・ア・パッソ」という言葉を聞くとは思いもしなかった。「一歩、一歩」。イタリア語である。

山深い土地に暮らす松原勲さんは、滋賀から京都を股にかけて四十年以上野山を駆け巡り、猪や熊、鹿などを獲るプロの猟師である。私はその日、ツキノワグマを獲ったという報せを受けて東京から駆けつけ、解体する現場に立ち合わせてもらった。松原さんは、ずば抜けた狩猟・解体技術によって狩猟仲間から料理人まで絶大な信頼を集める人物なのだが、その松原さんと東京・門前仲町のイタリアンレストランが繋がっていることに少なからず驚き、いっそう親近感を覚えた。

「有馬くんもここに来て、鹿猟を熱心に見ていったよ。いい鹿が獲れると、有馬くんに送っとる」

東京に戻って、さっそく「パッソ・ア・パッソ」に足を運んだ。

有馬邦明シェフが飄々とした口ぶりで前菜の説明を始める。

「これは猪のテリーヌ、隣がエゾ鹿のタルタルです。右側がアナグマと猪のメンチカツ、鹿のタンの燻製、その隣はツキノワグマのラルド、背脂です。煮込みはハクビシンと猪……」

ナイフとフォークを持つのも忘れて、ぽかんとする。ひと口大に切り分けた端正なモザイク模様の前菜が、世にも珍しい動物図鑑に見えてくる。おずおずとナイフとフォークを動かすと、腰が据わった。なぜなら、ひとつずつの味には驚きと興奮を鎮める説得力があったから。

その夜のメイン料理は、鴨のローストだった。締めくくりのデザートはツキノワグマの脂を使った純白のアイスクリームとビスコッティ。生クリームの代わりにツキノワグマの脂を生かしたと聞いたとき、獲った松原さんも、獲られた熊も本望だなと思った。おっかなびっくりスプーンを口に運ぶと、とろっと舌を包みこむ濃厚な味。ところが瞬時に溶け、森の向こうにすっと消えてゆく。

「ベリーや木の実を添えたのは、ツキノワグマが好きで食べていたと思ったからです」

有馬シェフの説明に、理に適った考え方と自由な発想がうかがわれた。

店内には、キジや鴨の羽のリースが飾られ、鹿の角まで置いてある。どんな食材でも自由に使いたいという思いが高じてふぐ調理の免許まで取得したという有馬シェフは、いっけんマニアックに思われがちだけれど、そんな狭い枠のなかにはいない。料理のなかに横溢《おういつ》しているのは食材に向ける敬意と好奇心、それを支える優れた技術。食後、農園から仕入れたレモンバームやミントをふんだんに使って淹れたハーブティーを飲みながら余韻に浸っていると、有馬シェフがツキノワグマや猪の頭蓋骨、自分でなめした熊の毛皮を持ち出してきて、自分の料理に関わる動物たちについて語り始めた。

その日以来、「パッソ・ア・パッソ」に足を運ぶたび、私は新しい発見を重ねてゆくことになる。

春のある日。

とろりと柔らかなロバの背肉やもも肉の煮込み料理のあと、運ばれてきたメイン料理に意表を突かれた。サラブレッド馬のローストである。なぜ、わざわざサラブレッド馬の肉なのだろう。食肉を前提とせず育てられてきた馬の肉を食べることの意味を、内心計りかねたのである。畜産された馬肉なら、これまで宮崎や鹿児島でも馬刺しに舌鼓を打ってきた。しかし、サラブレッド馬は競走馬になりうる品種なのだから、食べるなど想像したことさえなかった。

白い皿にあでやかなローズ色のぶ厚い肉が二枚。見るからにきめ細やか。ナイフを入れれば、しっとりと弾力を伝えてくるだろう。付け合わせは皮つきのままローストした淡路島産の新玉ねぎ。

おずおずとナイフを入れると、すっと切れてフォークの先に収まった。どんな味なのだろう。じっくり味わうつもりで嚙み始めると、しなやかな肉の繊維がほぐれる。赤ワインを煮詰めたソースには、馬肉で取ったブロード（だし）が使われ、さっぱりとした鉄分と甘みの余韻があとを引く。

有馬シェフの説明は、その余韻をいっそう深めるものだった。

「イタリアのヴェネトでは、ロバも馬も食べるんです。なかでも、地元が誇るアマローネという最高級ワインで年老いた馬の肉を炊く料理『ストラコット・ディ・アマローネ』。これは、ずっと畑を耕してもらったり、自分たちの労働を手伝ってもらったのち年老いて倒れた馬を食べることによって供養しようという料理だと聞きました。だからこそ、ふだん自分たちが飲まない最高級ワインを使うんです」

馬への感謝を込めた料理なんですね。私が言うと、シェフは大きくうなずいた。

「ええそうです。僕は、彼らの考え方にすごく共鳴するんです」

食べることは、身体のなかに入れること。自分の身体を使って敬意を払うということ。

ヴェネトの馬肉のご馳走の話は、肉を食べる行為が感謝と祝祭に繫がることを示している。サラブレッド馬のローストも同じだろう。走るために育てられた馬が走れなくなったとき、「食肉にする」という選択肢を選んで経済活動に変換する。ミディアムレアに火入れされたローズ色の肉を味わっていると、このサラブレッド馬が健康に育ち、大切に扱われてきたことを自分の味覚をつうじて知る。付け合わせの淡路島の玉ねぎのローストにしても同じだ。料理はとても正直である。育てた者、流通に関わった者、料理に携わった者、関わった人間の存在を浮かび上がらせるから、ごまかしはきかない。

しばらく無言でナイフとフォークを動かしていた連れがつぶやいた。

「お皿が消えた」

食べていたら、いつのまにか白い皿の存在を忘れた、たてがみをなびかせる馬にまたがっていっしょに走っているような感覚を覚えてうれしかったと彼女が言う。私も、似た思いを抱いていた。馬との一体感を感じたのである。

「パッソ・ア・パッソ」の料理を食べていると、親しく駆け寄ってくるものがある。野生の動物が携えて運んでくる未知の自然だ。

「パッソ・ア・パッソ」は席数十二ほどのレストランである。一九七二年生まれの有馬シェフがイタリアに渡ったのは九六年、フィレンツェやミラノなどで二年間修業したのち帰国。二〇〇二年、門前仲町で自分の店を開く。給仕係を務める妻の房江さんは、かつて高校の同級生だった。オープン後の二年間はオーソドックスな定食を出すスタイルで、当時は「まだ、どこかにフランス料理へのあこがれがあった」。私はちょうどその頃、〝門前仲町にとてもおいしいレストランができた〟と風の噂に聞いたことを覚えているのだが、しばらくは個性を定め切れなかった。有馬シェフが肉やジビエに対して興味を抱いたのは二〇〇〇年代後半、京都の牛肉卸「中勢以《なかせい》」との出会いがきっかけだった。「自分の目的が定まらずスカスカの状態だったから、とにかくなんでも吸収しました」。食材を育むおおもとの土地、猟師や生産者との縁をたぐり寄せながら信頼関係を築いてゆく。

あらたな舵取りの方向が決まると、ひとつの発見がもたらされた。

「肉にも旬がある」

野生の肉は、自然環境と季節の移ろいの産物である。また、産地や扱う人間によって、質のよしあしも異なる。以前は注文した精肉を箱から取り出すところから仕事を始めていたけれど、すっかり頭が切り替わった。そもそも、イタリアでの修業時代に勤めていたトスカーナの店の名物料理はしめたウサギをローリエや白ワインで炊く一品だったし、厨房ではキジやホロホロ鳥の羽を毟《むし》り、鹿、猪をさばきながら野生の肉を扱う技術を身につけていたから、ようやくイタリア時代の下地が活きるときがやってきた。釣り好きとして、座右の書は『釣りキチ三平』。野生と向き合うおもしろさに蒙を啓《ひら》かれてゆく有馬シェフを追いかけるようにして、日本で「ジビエ」という言葉が広がってゆく。

日々の仕事は解体から始まる。解体は、骨のついた肉を自分でさばきながら素材に変えてゆく仕事だ。

仕入れた鳩を三十羽さばく仕事に立ち合った。ヨーロッパではポピュラーな食材だが、日本人に馴染みが薄い鳩を扱うのは、「苦手なひとにこそ、鳩はうまいと知らせたい」気持ちが疼《うず》いたから。鳩は鉄分とビタミンが豊富で緻密な肉質をもち、味覚の深部にアタックする。と同時に、包丁の入れ方から火の入れ方まで高度なスキルを要求するのが、鳩という食材の妙味だ。

定休日の午前十時。羽を毟っただけの鳩三十羽が厨房に整然と並ぶ。長い取り引きのある茨城の生産者から届いた食用で、エトフェ（窒息）させたもの。有馬シェフのオーダーは一羽五百～六百グラム、生後二ヶ月ほど。一般にレストランで使われるものより百グラムほど大きいのだが、そのほうが筋繊維が太く、持ち味を引き出しやすく、「鳩はうまい」とアピールしやすいという思惑がある。コンロまわり、壁、調理台、すみずみまで曇りもなく磨き上げて手入れの行き届いた厨房に、赤ちゃんのほっぺのようなピンク色の肌の鳩がなんの違和感もなく溶けこむ。

「うちの食材は香りがいいんですよお。餌の質がよく、扱いや処理がよければおのずとこうなるんです」

説明しながら包丁がよどみなく動き、秒単位で作業が進む。

解体の順序はこうだ。

①手羽を切り離す

②脚を切り離す
③もみじ（脚先）の部分を切り離す
④首の根もとを切り離し、頭部分を分ける

関節部分を見定めて包丁を下ろすたび、ざくっ、ざくっと音を立てて瞬時に離れ、手羽二本、脚二本、もみじ二本、内臓入りの胴部、頭、一羽の鳩がみるみる八分割された。まな板も汚れず、匂いもまったくない。

「結局はね、ひとなんです」

手を止めて、有馬シェフが言う。

「生産者がどんな気持ちで向かっているかが大事なんですよね。僕は、健康に育てたものをきれいに、丁寧に扱う生産者から仕入れたい。もし最初はそうではなくても、こちらの考えをきちんと伝えれば理解してくれるし、飼育方法を変えてくれることもあります。だから直接、こちらから産地に出向くんです」

生産者と料理人が交流を持ち、じかに要望や意見を伝え合うことはおたがいの意識を向上させる。解体という作業は、動物の生命を一手に預かるための手続きだ。

「どうやったら食材に対してベストを叩き出せるか、つねに考えます。最高にきれいにおろしてやる！って思いながら仕事をしています」

バットに着々と整列してゆく手羽や胴体を見ていると、少しずつわかってくる。大きさも状態も微妙に違う一羽一羽を解体するのは、自分が扱う食材について仔細に確認することに等しい。それは、自分の料理にたいする根拠を得る行為なのだろう。

胸肉に包丁を入れながら、「あっ」と言った。

「こいつは水を飲んだあとに捕まった」

意味がわからず、ぽかんとした。

「解体していると、と畜三日くらい前の天気までわかるんです。気温が高いと、体温を下げるために彼らも水を飲む。水を飲んだぶん餌を食べなくなるので、筋肉に含まれる水分量が多くなります。雨が降って羽が濡れると、やっぱり居心地がよくないんですね、動かなくなるからストレスがかかります。天気がいいほうが運動量が増え、肉の状態もいい」

さばく経験を積むと、鳩を囲む自然環境まで見えてくるという。

「うまいかどうか、見たり触ったり、匂いを嗅いだだけでもすぐわかります。健康で質の確かなものは、嫌な匂いがまったくない。ほら、これなんかうまそうですよ」

包丁をすーっと引いて切り離した胸肉、ささみ、もも、手羽もと、皮。しっとり濃厚なぶどう色を帯びた肉が、どうだ見てくれと語りかけてくる。バットに整然と並べられてゆく皮やささみを「いますぐ食べたい」と感じたのは、初めての視覚経験だ。

「食べてみますか」

もの欲しそうに眺める私の心中を察して、ささみの小さな肉片を皿にのせてくれる。舌にのせると、鳩肉の鉄分のほろ苦さと甘さが入り混じり、味覚が疼いた。

野生の動物は自然環境をそのまま反映し、肥育された動物は環境と人間の行いを正直に映し出すから、そこには嘘がない。肥育された鳩はどこで何を食べて育ったか、どんな生産者に扱われたか、どう運ばれてきたか、生産と流通の中身が露わになる。解体とは、「体」を「解」きほぐしながら有機的なひとつながりとして肉を把握し、理解する手段である。包丁の動きにも無理と無駄がなく、結果としてすばやい。まるで鳩自身が自分でするする着物を脱いでゆくかのようだ。

「鳩でも野菜でも、生きものは一体ずつ違います。だから、自分の目でいちいち確認を取っていかなきゃならない。とりわけ鳩の解体は、予想と理解がとても楽しいんです。いつも、〝最高にきれいにおろしてやる〟と思いながら仕事をしています。自分で解体すると、あとで料理するとき、熱の伝わり方によって肉の水分がどう抜けるか、肉がどう締まるか、細かな違いがわかってくる。最終的には経験とセンスですが、調理以前に個体の違いを敏感に察知できるのがいい料理人だと思っています」

スポーツ選手に似ていますね。そう言うと、打てば響く言葉が返ってきた。シェフは小中高ずっと野球部所属だった。

「はい！　いかにベストを出せるか、つねに考えています」

有馬シェフの口からしばしば出るのは、「考える」という言葉だ。

最初は悪戦苦闘、負け試合も多かった。さばいたあと、骨の周囲の〝中落ち〟と呼ぶ剝き身の肉が多く残ると、ああ自分はまだまだなと反省し、解体技術のバロメーターにしてきた。骨つきの肉をさばくときに求められるのは、無駄を出さずに使い切りながら、どれだけ料理の味に転換できるか。価値の転換が巧くなければ、凡庸な結果しか与えられない。肉の解体は、つまるところ価値転換の技術を磨くための実地訓練でもある。三十羽をわずか一時間以内でやってのける現在では、スプーンで骨から掻き取って集める〝中落ち〟を合挽き肉に混ぜて味に深みを出したり、詰め物やミートソースにくわえたり、ぬかりはない。

みるみる解体作業が終わり、小ぶりのラグビーボールのような胸骨が三十個残された。ひとつひとつの胸骨の内側に、ひとまとまりの内臓。解体の一番最後に内臓を扱うのは、衛生と効率のための順番だ。胸骨の端にそっと指を入れて横隔膜といっしょに引き上げると、紫色に光るかたまりがぽろんと現れた。

「レバーです。レバーはあまり加熱しない前提で仕事をするので、まず最初に確保します。次にハツ、肺臓、砂肝。腸を取ったあと腎臓を取ります」

ぷりっぷりのレバーの一片をそっと口のなかに入れた。きれいな味だなと感嘆したそばから、ほのかな甘さだけを残してふっと消えていった。

小さな砂肝はころんとユーモラスな球形をしている。包丁を入れると、球形の内部にみっしり黄色いトウモロコシ、緑の葉、茶色の穀類。これらをついばんで、鳩は元気に飛び回っていたのだ。

内臓を目にするとき、それがどんな動物であっても、色、艶、かたち、すべてに名状しがたい感動を覚える。着々と仕事を進める有馬シェフの衣服に染みも汚れもないのは、集中力と手際のよさの証拠だ。もっとも神経を遣うのは、腸を扱うとき。細い腸の末端ぎりぎりを静かに指でちぎり、すみやかに処分する。

三十羽すべてを扱い終えて手を洗うと、バットに整列する部位ごとの肉と内臓は清潔そのものだ。鳩の仕事を片づけると、ホロホロ鳥四羽をまたたくまに解体した。

「パッソ・ア・パッソ」の料理を語るとき、とても重要な存在がスープである。鳩や鴨などの鳥類はもちろん、猪や鹿などの骨や、骨についた端肉と野菜を大鍋に入れて煮るブロードづくりはスタンダードな仕事だ。これを、煮たり、炒めたり、ソースのベースにしたり、リゾットをつくるとき米に含ませたりしながら、料理のなかに戻すことによって全体を着地させる。果敢に攻めながらも「パッソ・ア・パッソ」の料理が安定感をもつ理由のひとつは、骨のだしを核にした循環がそこに生まれているからだろう。

鳩の場合は、まず、水で洗ったあばら骨の断面にハサミを入れる。

「骨を切ることで、味が早く、濃く出ます。飛ぶ鳥は骨が硬くて軽く、隙間が多いので、そのぶん味が出て濃厚なスープが取れる。捨てるところがありません」

ぷかり、ぷかり、鳩の骨が大鍋のなかで静かに揺れている。柔らかな湯気を立てる鍋の表面を観察すると、おや？　あくが出ていない。鳩の骨がたっぷり入っているのに、レードルであくを引く作業が介在しない。訊くと、「いつもこんな感じですよ」。あっさりとした返事だったけれど、この場面でも、質のいい食材と優れた解体作業がものを言っていた。

「鳩のローストにほうれん草を添えるとき、バターで炒めたりすると、これね、合わない」

では、どうするか。

「僕は、鳩の骨からとったスープでほうれん草をゆでます。でも、むずかしいことをしているわけではなくて、その季節の野菜はおのずとその時期の鳩に合う。料理をしていると、そういうことがわかってきます」

鳩の立場にしてみれば、出会いがしらに牛と衝突するより、自分自身と巡り遇うほうが断然うれしいだろうと思った。

四日ほど経って「パッソ・ア・パッソ」を訪れると、有馬シェフが手ぐすね引いて待っていた。あの鳩のレバーでつくったペーストの味がよく馴じんでうまいですよ。ホロホロ鳥のロトロもぐっと締まってなかなかです。鳩のラグーもできています。

砂肝の中にみっちり詰まった餌

ホロホロ鳥のロトロ

「ほかにもちょっとうまいものを用意しています」

料理人がいたずらっぽく笑うときは、手放しで期待していい。自信と茶目っ気が混じった料理にきっと出逢える。

イタリアで「ストゥッツィキーノ」と呼ぶ食前の突き出しに、あのぷりっぷりの鳩のレバーが六個も使われていると聞くと神妙な気持ちになるのだが、とにかく味がずうんと深い。レバーと玉ねぎを炒め、鴨のレバーペーストを作るときと同じように、風味を深めるためにチョコレートをくわえてミキサーにかけ、バターをくわえ、さらに裏ごしした念入りの仕上げ。きわめて濃厚でありながら、どこか軽みに達した気配に神棚から下ろしてきたような恭《うやうや》しさが宿っていた。

二品め、ホロホロ鳥のロトロは宝石函だった。直径十二、三センチ、厚さ二センチほど、豪快な胸肉ロールの断面はきゅっと締まって絵画さながら。ソースは夏蜜柑風味マスタード、山椒風味の二種類。夏蜜柑も山椒も、アナグマを獲った農家から送られてきた初夏の素材だ。ナイフを入れるたび、胸肉ロールの内側から脂、ささみ、胸肉、もも、内臓、いろんな断面がごろごろ現れて奔放に変化する特別な味わいを、贅沢としか言い表せない自分をすこし後ろめたく思った。

三品め、鳩のラグーのパッパルデッレはトスカーナ地方の幅広パスタだ。鳩の中落ち肉、腎臓、肺臓、鳩の骨のだしや血も入れて仕上げたラグー。フォークのひと巻き、ひと巻きが鳩そのものだ。

四品め、メイン料理はひと皿に盛りこんだ鳩の胸肉のロースト、脚のコンフィ、白アスパラガス添え。鳩は火入れの仕方ひとつで勝負が決まる。鳩が苦手だという声をよく聞くのは、火入れのよしあしが招く結果ではないか。じっさい、私自身も同じ体験を何度も繰り返してきた。肉の味が濃すぎたり、匂いが強すぎたり、厚紙のように肉がかさついていたり。

「鳩の肉は鹿と似ていて、身のなかに脂が入る肉質ではないので、熱のアプローチが優しくないと肉の水分が失われて失敗しちゃうんです。外から強火で熱が入る過程を短時間で仕上げなければ、あっというまにベンコット（ウェルダン）になってしまう」

いま目の前にある胸肉の断面は、外はかりっと香ばしく、中心は熟れたぶどう色。ナイフを入れる前から、申し分のない焼き上がりが見てとれる。弾力いっぱいの肉を嚙むと、むふっと鼻腔がふくらんだ。白アスパラガスは、鳩の胸肉の皮から出た脂で焼いてある。ソースは新玉ねぎや赤ワインビネガー、骨のブロード、レバーペーストなどを合わせて煮詰めたもの。ひと皿のなかで、鳩をめぐる世界が円環していた。

有馬シェフの料理に、私は「明晰」を感じる。食材を通じて土地、自然、生産者と手を結ぼうとする立体的な思考。それらを簡潔なひと皿に体現する原動力を「明晰」と呼びたい。

妻として、給仕役として、その歩みを長年間近に見てきた房江さんが言う。

「この十数年で、シェフの料理は劇的に変わったと思います。そもそも仕事が好きなひとなので、厨房でも調理学校で教えるときもプロフェッショナルなんです。器用だし、どんな素材を使ってもおいしい料理はできる。それを教える技術もある。でも、開店してしばらく、シェフとしての技術はまだまだ隠れているんじゃないか、もったいないなと思って見ていました。ところが、いまは生産者の方々との会話が全然違う。素材を見極める力が育ったのだと思います。働く同志として尊敬していますし、私は一番のファンなのかもしれません」

毎日店に立つ房江さんにとって、日々どんどん進化してゆくシェフの料理の持ち味を、通ってくださるお客さまにどれだけ伝えられているか、もっと楽しませてあげられるのではないか、夫の仕事をもっと上手にサポートすることが大きな課題だという。

「いい話じゃないですかー」

厨房で耳をそばだてていた有馬シェフが、照れながら混ぜ返す。「だからレストランになりきれないんですよね」とおどけながら差し出したのは「鳩丼」。鳩のもも肉を親子丼に化けさせる遊び心がうれしくて、私の箸も止まらなかった。

房江さんがこっそり笑う。

「毎日がオープン記念日みたいな感じなんです」

熊や鹿の頭蓋骨がある。キジの羽でつくった美しいリースが飾られるときもある。みな「パッソ・ア・パッソ」、文字通り一歩一歩の足取りは晴ればれとしている。

二〇二二年、「パッソ・ア・パッソ」を閉店、有馬シェフは新たな活動に入っています。

5章 鴨――石川・加賀 江戸伝来「坂網猟」を引き継ぐ

鴨の肉にはひとを引きずりこむ魔物が棲んでいる。

ずっと思ってきた。あの鮮やかなぶどう色の肉の正体が知りたい。

二〇一六年一月、冷たい雨がそぼ降る真冬のある日、石川県加賀市大聖寺《だいしょうじ》「ばん亭」を訪れた。大聖寺はかつて加賀百万石の支藩、大聖寺藩の城下町として栄えた土地である。三年前の冬、初めてここで土地に伝わる「坂網猟《さかあみりょう》」による鴨の味に出会い、おかしな言い方かもしれないが、池でぷかぷか浮かんで羽を休めていたり、シベリアから空を渡ってきたり、野生を生きる姿につながる純正な味を感じた。

窓がうっすら蒸気で曇り、「ばん亭」の和室が鍋から立ち昇る蒸気で温まっている。ふつふつと滾《たぎ》る、鴨と野菜でとっただし。かたわらの大皿にはぶどう色の鴨ロース肉が紫のダリアの花のように並び、べつの皿には白菜、椎茸、ささがきごぼう。

「そろそろいきましょうか」

主人の水口清隆さんが箸ですくった鴨肉を数片、鍋のなかに沈める。熱い鍋のなかにいったん姿を消し、ほどなく引き上げた一片がぷっくりふくらんでいる。

「さっと火が通ったこのくらいがちょうどいいんです。さあ召し上がってみてください。獲って四日ほど寝かせてから捌きました」

急いで箸を伸ばす。持ち重りのする独特のつるんとした感覚は、鍋に入れる直前、鴨肉に薄く粉をはたいているから。これは、鴨肉のうまみを逃がさず、同時にだしの風味を肉にまとわせる昔ながらの知恵である。飛沫のように噴き上がる濃厚なうまみ。ひとひらの厚い肉に純な悦びがある。

大聖寺に伝承される坂網猟で獲った鴨の肉である。江戸期から三百三十年近く引き継がれてきた坂網猟は、そもそも武士の心身の鍛錬として始まった。日没直後、暗闇に包まれた片野鴨池のほとり、網を構えて身を潜めた猟師が裂帛の気合いをこめ、池を飛び立った鳥影めがけて一本の網を投げ放つ独自の猟法である。

水口さんはしばしば口にする。

「この貴重な鴨を扱わせてもらえるありがたさに感謝しながら、いつも料理をしています」

大聖寺で生まれ育った水口さんにとって、鴨は少年時代から親しい存在だった。友だちの親が坂網猟で仕留めた鴨が魚屋の軒先にぶら下がって売られていたし（昭和期、大聖寺では、鴨は魚屋で売られていた）、鴨のつがいは、百合根や芹、わさびを添えてお歳暮や結婚式の引き出物に使われた。特別な日の食卓には鴨のすき焼きや治部煮《じぶに》。この土地に暮らすひとびとにとって、季節の巡りとともにシベリアから飛来する鴨は冬の風物詩であり、生活の糧であり、ご馳走の楽しみであり続けた。

そもそも、日本人と鴨との縁は深い。貝塚から発見される鳥の骨のうち、もっとも多く発見されるのがカモ類の骨だといわれるが、そこには米との関係がある。鴨は晩秋から冬にかけて北極圏から飛来し、河川、湖沼、海などで越冬する。湿地でついばむのは落ち穂や二番穂、雑穀、水草、小魚など。鴨が毎年やってくるのは、米作りに適した土地に稲作文化が育まれているからだ。米作りの恩恵をもとめて飛来してくる渡り鳥を、日本人は冬場の重要なたんぱく源として利用してきた。

また、日本人が鴨を食べるうえで重要な役割を果たしているのが米である。六七五年、天武天皇によって牛・馬・犬・猿・鶏の肉食禁止令が出されたのは、稲の豊作を願うため。米を尊び、神聖な食べものとして米が受け容れられて天皇制国家が形成される過程で、肉は穢《けが》れとみなされ、米は魚と結びついてゆく。日本文化論の研究者、原田信男によれば「食肉穢については、かつては多くの神社に、鹿や猪の肉が神饌として捧げられていたことからも、古くは禁忌の対象ですらなかった。やはり天武期以来の律令国家の、米のために肉を排除するという政策のもとで、形成された観念とみるべきであろう」（『日本人はなにを食べてきたか』角川ソフィア文庫）。近世になって水田の整備が進み、米社会が築かれるにつれ、肉食に対する禁忌の意識はいっそう強まってゆく。五代将軍徳川綱吉によって発令された生類憐みの令が鷹狩りを禁じ、武家以外の鉄砲改めが強化されて鳥獣肉を確保しにくくなるのだが、それでも、手近に捕獲できる野鳥は庶民のたんぱく源として食べ続けられた。鴨の肉は不飽和脂肪酸の含有量が多く、脂肪の融点が低いため消化されやすいうえ、ビタミンや鉄分が豊富である。日本人は、食物としての鴨の利点を体験的に熟知していたように思われる。

江戸初期寛永二十年（一六四三）刊行、江戸期の代表的な料理書として知られる『料理物語』（作者不詳）にも、鴨は登場する。「鳥の部」に挙げられているのは鶴、白鳥、雁、鴨、雉子《きじ》、山鳥、鷭《ばん》、けり（チドリ科の鳥）、鷺、五位（ゴイサギ）、鶉《うずら》、雲雀《ひばり》、鳩、鴫《しぎ》、水鶏《くいな》、桃花鳥《つぐみ》（ツグミ科の鳥）、雀、鶏の十八種。ひとくくりに野鳥といっても、かつて日本人はこれだけの種類の野鳥を食べていた。ジビエという言葉は、なにもヨーロッパの食文化だけを語るものではない。

鴨の項目にはこう記されている。

「鴨　汁、骨抜き、煎り鳥、生皮、さしみ、なます、こくしょう、串焼き、酒びて、そのほかいろいろに用いる」

こくしょうは「濃漿」、味噌仕立ての汁。酒びては「酒浸」、塩をくわえた酒に浸すこと。鴨の濃い味わいにこくしょうや酒びてを合わせ、盛んに工夫を凝らした。じっさい、鴨の肉は予測のつかない飛躍の仕方をする。鴨治部鍋にはわさびが添えられるのだが、煮えばなの鴨肉にわさびを合わせて味わうと、「えっ」と声がでるほど新たな展開がある。ほかの肉ならわさびが勝ってしまうところなのに、わさびの辛みが鴨のうまみをなだめ、さわやかな風味に転じさせる。金沢の郷土料理、鴨の治部煮にもわさびはかならず添えられる。

豊かな食文化の背景には、それを支える自然の営みがある。坂網猟による鴨の肉のうまさの背景にあるのは、まず片野鴨池の存在だ。

石川県の天然記念物、片野鴨池は日本海から内陸へ約一キロ、約十ヘクタール、周囲約三キロ。日本有数の野鳥の越冬地として知られる鳥獣保護区特別保護地区で、一九九三年、ラムサール条約湿地に登録されている。ラムサール条約は、ワイズユース(賢い利用)の概念のもと、湿地とそこに生息する生きものが持続可能な共存関係下にあることを示す国際条約である。つまり、江戸期からこんにちまで、片野鴨池で動物と人間の共存関係が築かれてきた証左だ。飛来してくるカモ科の鳥はマガモ、トモエガモ、ヨシガモ、コガモ、オナガガモ、ハシビロガモ、稀少なヒシクイやマガン、天敵オジロワシやオオタカなど猛禽類の姿もある。現在、鴨池のほとりには加賀市鴨池観察館が置かれ、レンジャーたちが野鳥を観察しながら、餌場となる加賀市周辺の水田の整備や池周辺の環境整備など鴨池を守る活動をおこなう。

観察館の大きなガラス窓越しに、広々とした片野鴨池が一望できる。望遠鏡を覗くと、冬の陽射しを浴びてきらきら輝く湖面に無数の鴨たちがあっちにぷかり、こっちにぷかり、心地よさげに浮かぶ。数百羽、いや数千羽の群れ。頭から水に突っ込んで逆さになったり、すいーっと波紋を起こして遊泳したり、のんびりと気ままな様子を眺めていると、自分もまた自然の一部に組み入れられる感覚に引きこまれる。

現在、坂網猟の猟師は八十代の長老から二十代の若手まで総勢二十九人。「大聖寺捕《ほ》鴨《こう》猟区協同組合」所属、坂網猟の伝承者としての資格を与えられた者ばかりである。戦後は百人を超える猟師がいたが、鴨の飛来数の減少、猟師の老齢化、兼業農家の増加、高度経済成長期を経て鴨の副収入に頼る必要性が減ったこと……さまざまな要素がからんで、猟師の数が減っていった。猟期は例年十一月十五日から二月十五日までの三ヶ月、しかも日暮れ直後二十分足らずの短い時間におこなう猟だから、おいそれと足を踏み入れられる世界ではない。しかし、門戸を閉じていては、貴重な地域文化の担い手が失われる。危機意識を持った加賀市は組合の賛同を得て後進の猟師育成に乗りだし、その甲斐あって、三年の見習い期間を終えた新人が坂網を構えることが許され、長老たちから助言を受けながら技術を磨いている。

じつは、大聖寺を訪ねる日にちは、組合長の池田豊隆さん（七十三歳）の言葉に従って決まった。三年前にお会いして以来、折々に交流を温めてきた池田さんに電話をかけ、ふたたび伺いたい旨をお伝えすると、池田さんのいつもの思慮深い声が電話口から聞こえてきた。

「よし、あんたの思いはわかった。仲間にも伝えておく。来るなら、満月になる前がええ。鴨の動きは月の満ち欠けと関係があるさけ」

こうして、大聖寺に向かうのは、旧暦と月の満ち欠けによって新月と満月のあいだと決まった。


日暮れが近づき、猟師たちが三々五々、組合の番小屋に集まってきた。八十代の長老猟師、番小屋の世話人を務める山本武雄さんが囲炉裏《いろり》の前にどっかと腰をおろし、窓越しに鴨池のほうへ視線を流してつぶやく。

「風が西に変わってきたな。雲がよう動いとる」

池田さんも、日暮れの空をちらと見やる。

「瞬時の風やけ、日が沈んでから変わるんや。きわどいところは出んとわからんさけな」

自然を読み解くところから、すでに猟は始まっている。

鴨は風に向かって斜めに飛び立つ習性をもち、坂場と餌場の位置関係によって猟に向く風、向かない風がある。北東の風が吹けば大割新場坂や中坂、南風が吹けば前山や鷹打坂というふうに、猟師たちはその日の風向きによって自分の坂場を選ぶ。猟に出る直前、山本さんは、「風が変わってきた。西がかかっとる。雲脚も早い」と渋い顔だ。自分の坂場が決めにくいのだろう、今夜の猟は波乱含みのようだ。

若手の猟師は、坂網猟の魅力をこう語る。

「羽の音はまだ聞こえないのに、確実に僕のほうに飛んで来ているのをすごく感じるんです。初めて一羽獲ったとき、姿が見えてから網に入って落ちるまでの間をほとんど覚えていません。記憶がない。ただがむしゃらに走って取り押さえた記憶だけが残っています。でも、無我夢中なのに『仕留めた！』と手に感じている。その手の感覚を覚えたらやみつきになって、もう止められないでしょうね」

午後五時十五分。よし行くか、と猟師たちが腰を上げた。番小屋に立て掛けた坂網を数本ずつ担ぎ、それぞれに猟場に向かう。もう誰も言葉を発しない。

朝から降り続いていた雨はいつのまにか止んでいた。猟に同行するにあたって、三つ、きつく言い渡されていた。

黒い服を着てくること。

定められた後方、樹陰から猟を見ること。

決して声を出さず、動かないこと。

墨色の天空にぽっかり、月が浮かんでいる。新月と満月のあいだ、上弦の月の一夜前。

あたりは幽玄に染まっている。

猟師たちが、坂場と呼ばれるひそみに身を隠す。

鴨を狙う猟場は八ヶ所、いずれも鴨池を囲む丘陵地を生かした地点で、さらにそのなかに二十数ヶ所、鴨を狙う坂場がある。坂場は、低空で谷間を飛んでくる鴨を捕らえやすい斜面や崖を生かした場所にあり、当日の天候、風の向きや強さ、鴨の動向などを分析しつつ、各自がそれぞれに選ぶ。携える数本の坂網も、風との関係を考慮に入れたうえで微妙な重さの違いを計算して変えるという。

ただひとつの猟具が坂網である。全長約三メートル五十センチ、重量約八百グラム。逆三角形の網に長い木製の柄を一本つけたY字型で、宙に投げ飛ばして鴨を捕らえる。この猟法を考案したのは元禄年間、大聖寺藩の武士、村田源右衛門。魚釣りの帰り、頭上を飛来する鴨を目撃し、持っていたタモ網をとっさに放り投げて捕獲したのが始まり。網の仕組みは、明治期に入って改良が重ねられて完成した巧緻なもので、鴨を捕獲した瞬間、メタと呼ぶ網と柄の接合部分がはずれ、網の脇棒のコザル（リング）がずれて鴨を逃がさない。昭和四十年代あたりから日本人の体型の変化に合わせて少し大きくなったが、竹、檜、クヌギなどを組み合わせる素材選びにいたるまで変わっておらず、寸法、材質、網糸のかけ方、素材の加工の仕方、その製作法は詳細に定められている。柄に使う竹は、節の位置を揃えたり、同じ重量に誂《あつら》える工夫が凝らされ、池田さんによれば

「竹を採る時期ひとつにも暦があるんや」。

月の光がきりりと際立ち、闇がいっそう深まった。無数の野鳥がいるはずなのに、鴨池はしんと静まり返っている。果たしてどこから鴨は現れるのか。一定の間隔を空けて腰を落とした猟師たちの背中のシルエットから、緊張が伝わってくる。その約六メートル後方、松の木陰で息を潜める私は、吐く息の白さを目にして北陸の寒さを体感する。決して動くな、声も立てるなと告げられているから、私にもべつの緊張が走る。

そのとき。

グワッ、グアッ、ゴッ、ゴッ。

鴨池の方角から突然、鳴き声が響いた。それを合図にガッ、グワッ、あちこちからざわめきが呼応し始め、暗闇が揺らいだ。背筋がぞくりとする。何かが起きる合図なのか。不気味な迫力を感じて、ひるんだ。右手前方向、鉄砲玉のように飛び出してきた鴨の一群。月明かりに無数の黒いシルエットが浮かび上がった。

頭上から降ってきた奇妙な金属音。

ゆんゆんゆん　ゆんゆんゆん

ぞっとした。「ゆん」のなかに「ひゅん」「きゅん」とも響く高速の倍音が混じり、人間界では聞いたことがない。百数羽の一群がいっせいに飛び立って餌を求めにゆく羽音。さっき湖面から響いた鳴き声は、飛び立つ合図だった。しかし、猟師たちはじっと動かない。まず最初の一群を見送って、今夜の鴨の動きを確認しようということなのか。

数十秒後、不意に二群めが来た。ゆんゆん、ゆんゆん、金属音を響かせ、さっきの倍以上の黒い影が右前方から現れ、急速に距離を縮めてくる。息を飲んでいると、おっかぶせて頭上を覆う後続の三群め、今度は微妙に角度が違うコースを飛んできたとわかった瞬間、まず一本の坂網が宙を飛び、続いてあちこちから数本が放たれた。しかし、いずれも落下、かしゃんと乾いた音が地面を転がった。

坂網の構え方には、三百余年のあいだに磨かれてきた型がある。利き手で「カセ尻」と呼ぶ柄の端を握り、ひとさし指の第一関節の腹だけを最先端に添える。もう一方の手は柄の半ばを持って全体を支え、腕の両脇を引き締め、水平を保ちながら中腰の姿勢を保つ。羽音を感知し、獲物の姿を確認したら、網をすばやく耳の位置まで引き起こして上げ、渾身の力をこめて宙に放つ——言葉にすればまどろっこしいが、ひとさし指が動いてから坂網が宙に舞うまで五秒あるかないか。鴨の飛行速度は時速四十〜六十キロ、射程距離は十〜十五メートル。鴨の身にとってみれば、坂網は意表を突いて下方からシュッと出現する未確認飛行物体だ。しかし、鴨の学習能力はきわめて高く、異変を察知するや、飛び方の角度や高度を自在にコントロールする。低く飛んできたのに、坂場の手前でぐーんと伸び上がって高度を上げるのはお茶の子さいさい。雪が降って山が白くなると、見通しがよくなって安心し、低空を飛んでくるのは鴨の習性だ。天候、風向き、飛行速度、高度、方向、坂網を放つタイミング、角度、高さ、勢い……猟師は、五感で鍛えた分析力を坂網に注ぎこむ。

「一対一の勝負や。あいつらは命がかかっとるさけ、そのぶん賢いわ。こっちも真剣勝負よ。一日のなかでいかに一番うまい鴨を捕まえるか、わしらはその技を受け継いどる」

　池田さんの言葉には自信が満ちている。

　この名言も、池田さんによるもの。

「アタマのいい鴨はうまい」

　一対一の勝負は、つまり、野生という知性との闘い。猟師たちは、暗闇のなかでオスかメスか瞬時に判断できるというし、名人級になると自分の頭上を飛ぶ瞬間まで動かず、これと狙いを定めた一羽めがけて網を上げる。居合抜きである。

　四群めが、来た。風は北東の風に変わっている。あの異様な羽音が頭上から降ってきたとき、私の目前で坂網がびゅんと放たれた。あの人影は、長老の山本さんだ。固唾を呑んで凝視すると、鴨の編隊に襲いかかる坂網のY型のシルエット、宙を舞う網のどまんなかに鴨の黒い影が飛びこんだ。

　どすっ。

　坂網もろとも、鴨が地面に落ちた音。その音の方向へ顔を向けると、山本さんが中腰

のまま、忍者のようなすばやい動きで駆け寄るのがわかった。一、二分の静寂。さっと人影が身を離し、早足で自分の持ち場に戻る。猟はまだ続いているのだ。一羽の獲物だけで満足するわけにはいかない。

坂網猟で獲れた鴨のうまさは、生け捕りの直後、すみやかに窒息させるところにも理由がある。道具は三つ編みの紐一本。鴨の首を外側へ向け、紐をふた巻きして瞬時に絞める。現在は獲った猟師自身がおこなうが、かつては「トリオサエ」と呼ぶ存在がいた。「トリオサエ」はたいてい猟師の子どもで、鴨を捕らえた網が落下すると、すばやく駆け寄って確保、たちどころに窒息させる役目を負った。猟師は、一羽でも多く獲物を仕留めるために、持ち場を離れる数分を惜しむ。「トリオサエ」を任されながら、子どもは現場で経験を積み、坂網猟独特の呼吸と技を身につけてゆく。いまとは比較にならない数のマガモが飛来し、鴨猟が冬場の大事な収入源になった時代の話だ。

親について「トリオサエ」をしながら育った池田さんが言う。

「十分十五分経ったら、鴨は絶対痩せてしまうんや」

捕獲した鴨は分単位で肉が落ち、脂も散ってしまうのだという。

山本さんも口を揃える。

「網に入って、どこへ飛んでいったかわからないでひと晩置いて、あくる日の朝探しに行ったことがある。骨と皮に痩せてがりがりになっとったよ」

それが、鴨という野生なのだろう。北極圏から長い旅を続けて飛来してくる強靱な体力、しかし、捕獲されてしまえばひと晩で痩せ細る。

あらかた鴨が飛び立ち、この日の猟は十八分ほどで終了した。

さっき山本さんの坂網が落下したポイントに近づくと、生け捕った直後に首を絞めて寝かせておいたオスのマガモが横たわっていた。闇のなかに鈍く光る、黄色の長いくちばし、エメラルドグリーンの頭の羽。山本さんは網からするりと取り出し、両羽の根もとを手でつかんで提げ、丘を降りる。右肩には五本の坂網。つまり、今夜放った網は五本、仕留めた鴨は一羽。

午後六時過ぎ。番小屋に戻ると、猟師たちがいっせいに戻ってきた。手ぶらで苦虫を嚙みつぶした顔、平静を装いながらくやしさの滲む顔、押さえようとしても笑みがこぼれる顔……ひとりずつの顔に、今夜の成果が書いてある。

狩猟のあとの番小屋は、出かける前の空気とはまったくべつの熱気と昂揚感に包まれる。当夜の出猟はベテランから新人まで十四、五人。風の分析をし合うのも大事な勉強だ。

「途中、風が右後ろから来てカズオが五番に入ったんや。やっぱり風の角度が違っとった」

「ぴゅっとなったら絶対あかん。鴨も流れるしな」

「あさってから一週間は荒れるやろ」

「明日も北東の風や。明日が肝心やな」

この夜の獲物の総計はオス五羽、メス三羽、全部で八羽。山本さんの獲物は体重千百四十四グラム、脚の赤さから生後二年目あたり。胸の筋肉がぐいと張ったりっぱな体軀。両手に抱かせてもらうと、ずっしりと持ち重りがし、艶やかな羽毛の感触が指に残った。

翌朝、耳聞山《みみきやま》の山本さんのお宅を訪ねると、玄関を入ったすぐの広い土間で毛を毟る作業が始まっていた。番小屋の守人として、前夜獲れた鴨を持ち帰って毛を毟り、契約している地元の料理屋に卸すところまでを請け負う。ひと冬に飛来するマガモは二千羽ほど、獲れる数はここ数年平均三百羽ほど、地元から外へ流通することはほぼない。卸値は、協定により一羽六千円。

まず首から腹に向けて毛を毟り始めるのだが、山本さんの手つきは的確だ。指先を水で濡らして柔毛をしごき取り、刺し毛はピンセットで抜く。

ぶちっぶちっ、毛の抜ける音にたくましい抵抗感がある。

「この羽で、遠いシベリアから来るんやからね」

ほら、見てごらん。山本さんが示す先を見ると、毛を毟った肌にところどころ、黒く細い刺し毛が生え始めている。渡ってきたときには見つからない夏毛。まだ冬が終わらないうちに、鴨はもう帰る準備をしていると知って、渡りの不思議を思う。手羽を広げてみると、三角に開いた骨と骨とのあいだにスカートのように広がる薄いピンク色の翼膜は、たじろぐほどの強度だった。

獲る者が、じつは一番うまいものを知っている。鴨だけではない、野菜でも魚でも、食べる頃合いや味わい方の見極めにおいて、育てた者や獲った者の右に出る者はいない。夜の番小屋で、池田さんや山本さんたち長老が鴨肉をご馳走してくださることになった。

池田さんが捕獲してから五日ほど寝かせた、猟師たちがゾンベと呼ぶ雑種ガモの肉。みずから包丁でさばいた胸肉、脚肉、レバー、砂肝、心臓が大皿にきれいに並べられている。食材の知識が豊かな池田さんは、自他ともに認める料理名人でもある。「鴨のツル（首肉）を軟骨ごと包丁でとんとん叩いてな、自分で丸めて団子にしたやつ、これがめっぽううまいんや」「ちょっとおかしいと思われるかもしれんけど、わしゃ、おなじ食材を一番うまい姿で食いたいと思うとる」……その口ぶりを聞いているだけで、生つばが湧いてくる。最高にうまい方法で食べたいという貪欲な欲求は、狩猟の根源と繋がっているのだろうか。

四年目の若手、四十代の中村肇伸さんが、ホットプレートで一種類ずつ焼いてくださる。熱いところに胸肉を置くと、肉の脂がじゅーっと煙を上げ、部屋いっぱいに甘い香りが充満する。この香ばしさもまた、鴨を食べるときの大ごちそうだ。

山本さんが言う。

「東京におっちゃ、めったに食われんよ。鴨といい、シシといい」

「そうや」

池田さんが肯く。

「何ヶ月も冷凍したようなものなら食えるけど、全く冷凍しないで熟成した時期に食べるいうのは。それも仲間が獲ったもんを、または自分が獲ったものを食べるっちゅうのは正真正銘やわな」

両面を焼きつけ、肉がふわっとふくらんだ頃合いに箸を伸ばす。舌を焼きながら嚙みこむとじゅんじゅんとうまみが迸るのだが、しだいにおとなしい風味に収斂《しゅうれん》するところは、マガモとはまた違う。同じ鴨肉でも、これほど持ち味が異なることに驚く。とはいえ、脚肉は嚙んだ歯を強く押し返してくる。レバーはまるで臭みがなく、とろりと柔らかで濃厚。砂肝はしょりしょりと軽やかな歯ごたえ。心臓は熱を吸収してむちっとふくらみ、余韻が深い。味つけは塩とこしょうだけ。鴨肉の脂をたっぷり吸ったキャベツやねぎのざく切りも甘い。野菜はすべて山本さんが畑で丹精したと聞いて、おおいに納得する。鴨を獲る姿、野菜を育てる姿、どちらもおなじ山本さんである。

舌鼓を打ちながら、池田さんの問わず語りに耳を傾ける。

「この坂網猟というものが伝統的に必要とされ、現代まで守られてきたのは、そもそも金沢から大聖寺にかけて食文化が発達しとるからやと思う。大聖寺藩が将軍に鴨を献上しとったのは、外様大名だけに武士道だけではだめだいうて。そういう文化が背景にあったたけに、日暮れで腹が空っぽになって餌も泥も砂もほとんどない天然の鴨を血抜きをせずに窒息させ、つまり一日で一番うまい鴨をつかむ必要があった。それが昔むかしから引き継がれてきとるんやろうね」

囲炉裏をかこんで一升瓶を傾け、鴨を焼き、キャベツを生のまま囓《かじ》り、搗《つ》いた餅を焼きながら四方山話に花が咲く。若手の猟師が、初めて食べたアナグマに驚いたと話し出すと、長老ふたりがにやりと笑った。

「あれはうまい」

「一番うまいよ。脂が最高においしい。脂に馴染んだ野菜も最高に甘い。猪や熊の脂よりうまいね」

「何本も逃げ道があるやろ、一ヶ所だけ残して塞いで、杉の青葉に火をつけて穴の口に放り込むんや。そうしたら、あいつら息しにくるさけ、一ヶ所やっと開いとると思ってガーッと出てきたところを捕まえる。誰が獲ってきても、動物のなかで一番うまいっちゅうくらい、うまい」

連発される「うまい、うまい」を聞いていると、猟師ほどうまいものを知る者はいないという羨望に駆られる。そういえばな、と池田さんが子どもの時分、おねしょの特効薬としてカイツブリの黒焼きを食べていた話を披露した。獲ったカイツブリを炭状にして水飴と混ぜてつくった薬を、少年たちは「ちょうだい、ちょうだい」と親にねだった。

「ここにおると、うまいうまいっちゅうて、いろんなもんが食べられるわい」

うまいだけではない。大聖寺の暮らしには自然の恵みを受け取って生きてきた生活思想が体現されてきた。坂網猟は、その気候風土に根ざす生活思想の一体系であり、共同体の旗印でもあっただろう。だから、毎年の猟期ごと、坂場の割り当てはくじ引きで決める慣習がいまでも踏襲されている。公平を期し、無用な争いごとが起こらぬよう、甲の日・乙の日によって三ヶ所以上の猟場を選べる仕組みが守られ、番小屋には早見表を貼り出す。

池田さんは、そこには坂網猟を存続させなければならない理由があると考えている。

「わしはどこでも話ししゆうが、日本の鯨であれマグロであれ鰻であれ、一網打尽に捕まえるさかい世界中から叩かれる。しかし、俺らの先達が考えた坂網猟の精神があれば、そういうことはなかろうと思う。水鳥が好んで毎年来てくれるように環境を整えて土地を守り、一割から二割弱、間引き程度の猟をしとる。猟具、技、その精神が、ラムサール条約の精神に先駆けて江戸時代から伝承されてきた。これは世界に誇れること。それをみんなに引き継いでいきたいと思うとる」

腹に力のこもった声を聞きながら、ひとりの人物を思いだす。

第二次大戦後、大聖寺捕鴨猟区協同組合組合長を務め、町の助役でもあった村田安太郎（一八七九〜一九五七）。戦後、片野鴨池にアメリカ軍の司令官や将校、兵士がやってきて鉄砲で鴨を撃ち始め、自然が荒らされるようになった事態を案じ、昭和二十四年、村田安太郎は意を決して東京に出向き、GHQに直訴。占領下、身を投げ出す覚悟で銃猟事件を収束させ、片野鴨池の鴨を守り抜いた。頭に黒い坂帽子を被り、背に坂網を背負う凜々しい姿の写真から伝わってくる古武士の気概もまた、こんにちの坂網猟の基盤だ。安太郎も、獲った鴨をみずからさばき、近所の者を招いて料理をふるまうことを好んだという。

しかし、坂網猟をめぐる状況は油断が

ならない。かつて昭和三十年代、飛ぶ鴨で空がまっ黒になるほど五万も六万も渡ってきたものだが、近年のマガモの飛来数は二千〜三千羽、捕獲数はほぼ一割、猟師ひとりの捕獲数は平均十羽前後。猟師にしても、いくら名人と謳われても、老齢を迎えて限界が訪れれば引退を考えざるを得ない。加賀市は組合維持費の一部を行政負担、坂網猟に関心をもった者が猟師の養成を受けられる制度をつくって平成二十四年から「後継者育成説明会」を開き、新人十人が仲間入りを果たした。坂網猟を伝承するうえで、新人は金の卵。池田さんは「昔は、おまえら新人はあっち行っとれっちゅうて偉そうやった」と苦笑する。

「『池田は新人に甘い』ってみんなに叱られるんや。でも、やっと（猟師を）やってくれたんやさけ、かわいがってやらにゃいかんわと思って、許せるところは許してやってるんやぞ。そやけど、うまなってきたなと思う」

山本さんが、「確かに上手になってきた。でも」と引き取る。

「以前は年配の人が本当に厳しかった。いまは、確かに甘い。隣の邪魔をしてでも獲ろうとする気持ちがあるんや。まあ猟師はその根性がなければ駄目なんやけど、構えたらみんな獲りたいんや。猟したいんや。七、八人がひとつの場でつかまえるわけやから、早めに網を起こしたりしたら鴨は全部飛び上がって、周りはパーやもんね。新人だけやないけど、そういうところをもうちょっと厳しいせなあかんなと思うんやけども。わしは一番よう言われたわ。『やめてまえ!』『やめさせるぞ』、何回も言われた」

長老たちが新人を見るとき、かわいい孫を眺めるような優しい目になる。番小屋の空気にしても、私が三年前に訪れたときとは一変していた。猟が終わって引き揚げてくると、手ぶらで戻ってきた新人たちは、ベテランの成果を無邪気にうらやましがり、番小屋は明るい笑いに包まれる。この猟がおもしろくて仕方がないという気持ちは、ベテランを活気づかせてもいるのだろう。

翌日、猟から引き揚げてきたベテラン猟師が三羽を提げて帰ってきた。「うおー」と驚きの大歓声。

「天才や」

「どうなっとんや、やっぱうまいわ」

口々に新人たちが褒めそやすと、照れながら小声でつぶやいた。

「一回失敗してもな、かーっとしたらあかん」

さりげなく語られる猟の極意。その忠告の通り、新人たちが肩を並べる坂場では、鴨を逃すたび、あちこちから落胆の声が聞こえて緊迫感が緩んでしまう。猟は、つまるところ、自分自身と向き合うこと。ベテラン猟師は言外に猟の要諦を教えている。

新人猟師が、初めてマガモを捕らえたときの衝撃をこう語る。

「網が手から離れた瞬間、スパッと入った感覚があって身体中に電気が走った。

親方の話がおもしろいでしょう。池田さんの話には、『うまい』という言葉が百回以上出てくるんです。『うまい、うまい、うまい、うまい』。僕が養成期間一年目のとき、最初の説明会で聞いたのは『獲ってすぐ逃げるような鴨ほどうまい』。ずっと捕まったままのボケな鴨は大したことない、と。いま獲った鴨より、いま飛んどる鴨のほうがもっとうまいんや、だから、明日、また明日。うまいもん食うことへの執着なんですね」

そして、自分に言い聞かせるようにこう言うのだ。

「だから、最終的には最高にうまい鴨は絶対食べられないんですよ。飛んでいるのだから」

黙って耳を傾けていた池田さんが、きっぱりと断じた。

「そうや。獲れた鴨より、飛んでる鴨のほうがうまいんや」

なんという壮大なロマンだろう。たったいま歯茎を痺れさせる舌の上の鴨より、もっともっとうまい鴨がいる。だから、鋭い羽音を響かせてゆんゆん、ゆんゆん、暗闇を疾走する鴨を狙う。

6章　牛――北海道・襟裳岬　短角牛とともに生きる

岬の突端に立つと、風に煽られて身体がふらっと揺れた。

風速一〇メートル以上。ふだん体験することのない風をまともに受けて髪の毛が宙に舞う。ここでは、風速一〇メートルの風が年間二百七十日以上も吹く。台風が来れば、あっというまに瞬間風速三〇メートルを超える。

しばらく風のなかに立っていると少し気持ちに余裕がでてきて、海のほうへ視線を移す。群青の色が深い。ゆっくりと視線を伸ばすと、おや、はるか遠く岩礁帯の上に蠢《うごめ》くものが見つかる。

「あっ、あそこ」

Iさんが指さして言った。

「あの岩の上に、ほら、いますよいっぱい」

双眼鏡があったらなあと思いながら、岩礁帯の連なりに目を凝らす。まだよく見えない。でも、明らかに岩とは違う黒いシルエットがたむろしている。しだいに目が慣れてくると、黒のかたまりは白いまだら模様だとわかってきた。

「たぶん、ゼニガタアザラシ。コロニーが岩礁帯に上がっている」

全身に入っている白くて丸い斑《ふ》模様がゼニガタの名前の由来なのだろうか。大きなアザラシ、ちいさなアザラシが入り混じっている様子を見ていたら、アザラシは水中で母乳を飲むこともあると読んだことがあるのを思いだした。近くにラッコも泳いでいるだろう。ここは、ゼニガタアザラシの最大の生息地として知られる「アザラシの棲む岬」。沖合では寒流と暖流がぶつかり合い、サケ、カレイ、毛ガニ、タコ、ハタハタ、真ツブ、コンブなどの豊かな漁場になっている。

二〇一六年晩夏、北海道、襟裳岬。まさか牛との出会いに導かれて襟裳岬を訪れることになるとは思いもかけず、あのとき高校生だった自分に自慢してやりたい。一九七四年、日本中のだれもが口ずさんだ森進一の大ヒット曲「襟裳岬」(作詞・岡本おさみ　作曲・吉田拓郎)。いまでも一曲ぜんぶ諳《そら》んじている。

冒頭は「北の街ではもう　悲しみを暖炉で燃やしはじめてるらしい」。

このサビ。

「襟裳の春は　何もない春です」

何度聴いても不思議な歌詞だった。何もない春などあるはずがないだろう、襟裳の人々は、何もないなどと歌われて悲しくはないのだろうか。

しかし、いまこうして襟裳を訪れてみてわかったことがある。

襟裳の春は、何もない時代が本当にあった。

土地の名前「襟裳」は、アイヌ語エンルムが語源である。「エンルム」は〝突き出たところ〟。また、「エルムン」は〝ねずみ〟を意味する言葉で、遠くから望む襟裳岬が伏せたネズミの姿に似ているからそう呼ばれたという説もあり、襟裳はアイヌ文化とも深い関わりを持つ。

明治から昭和にかけて、襟裳岬は赤土が舞い上がる砂漠だった。当時の古い写真を探して見てみたとき、あまりの荒涼ぶりにあっと声がでた。アラブの砂漠にそっくりなのだ。アイヌの人々がこのあたりに移住した約三百年前、襟裳岬は広葉樹の原生林で覆われていた。厳しい寒さをしのぐ燃料を確保するために樹木を伐採し、さらには、牛馬や綿羊を飼育するために放牧地を開拓、バッタによる被害などが重なって森林は急速に荒れてゆく。そこへ一年中容赦のない強風が吹き荒れると、火山灰砂の表土があらわになる。強風に運ばれて沖合まで達した飛砂は沿岸の海を茶色に濁らせ、回遊魚や沿岸魚が寄りつかなくなり、コンブをはじめ海藻類の生育も阻まれる負の連鎖が起こった。

当時の記憶を語る四代目コンブ漁師、昭和三年生まれの飯田常雄さんが当時を述懐して書いている。

「山は禿げていて畑は作れない。海を見れば飛んできた土で濁っている。家の中にまで砂が入ってくるし、洗濯物もろくに干せない。おまけにコンブも採れなくてみんな貧乏だ。

つまり、襟裳岬の集落にはまるっきり良いところがない。

当時、この周囲の集落、庶野《しょや》とか目黒（当時の猿留《さるる》）あたりにもそれなりに若い男女がおったわけですが、みんな『どんなにいい男がいても、襟裳岬にだけは嫁に行くな』とマジメな顔をして話していたもんです。『あんなところは人間の住むところじゃない。しかも貧乏になるのははっきりしている』ってね」（『えりも緑化事業の半世紀　あるコンブ漁師の話』えりも岬緑化事業50周年記念事業実行委員会）

想像を絶する生活ぶり。飯田さんは、当時「岬の周りの人たちが、我々岬の住民のことを『砂喰《すなく》い民《たみ》』と蔑《さげす》」んだとも語っている。

襟裳に何もないのは、だから、春だけではなかった。かくも厳しく自然環境が人間の生活に介入してくるのが、襟裳という風土なのだ。

しかし、荒廃した土地を緑の森に生き返らせていったのも、襟裳岬に生まれ育った人々である。

昭和二十八年、先頭に立って地元の仲間を率い、禿げた土地に草を植え始めた人物がほかでもない飯田さんだ。この土地を捨てず、漁師として生きて暮らすためには森林と海を取り戻すほか道はないと決意したうえでの選択。苦労して植えつけた種や肥料はたちまち強風に吹き飛ばされたというが、飯田さんは海岸に打ち上げられた雑海藻ゴタで地面を保護する独自の方法を編み出し、手作りの防風垣を設置、営林署と協力し合いながら緑化のための地道な努力を続けた。「えりも式緑化工法」と呼ばれた草本緑化がようやく八割まで進んだのは、ゆうに十年以上を費やしたのち、昭和四十年ごろ。岬一帯に緑の森林がゆっくりと再生されてゆき、森林の土が蓄えた養分が海に行きわたり始める。すると、ふたたび襟裳の海に魚やコンブが戻ってきた。森林と海の循環があらたに蘇るまでに費やされた歳月と労苦の重さを思うと、頭が垂れる。

現在の襟裳岬を見渡してみたいと思い、海岸ちかくの高台に立った。一帯に植わったクロマツ、カシワ、ハルニレ……背の低い緑が岬沿いの平地にえんえんと広がっており、大海原とのコントラストがうつくしい。何も知らずに眺めれば、かつての荒廃ぶりを想像することさえむずかしいけれど、この緑が連なる風景は半世紀を費やして土地を再生させた人々の執念のしるしだ。生い茂るクロマツの根に視線を転じると、土に深く食い込む根の一本一本が、海のコンブにも鮭やシシャモにも見えてくる。

クローバー、チモシー、オーチャードグラス。生い茂る緑の牧草が、足の下でしっとり柔らかい。一歩踏みこむたび、足の裏をふかっと包みこむ感触を味わう。おじゃましま-す、と口のなかで挨拶しながらそろりそろりと近づくと、放牧中の牛たちがいっせいに振り返って、私をじっと見つめた。穏やかな、とても優しい目。がっちりと引き締まった四角い体軀。短く太い脚。艶やかに光る赤茶色の毛。日本短角種の牛である。ゆるやかな岬の丘陵地、すぐ眼下に太平洋を見晴るかす。

ずっと「高橋ファーム」を訪ねてみたいと思ってきた。襟裳でただ一軒の日本短角種(以降、短角牛と呼ぶ)の畜産牧場。北海道のスローフード運動を牽引するひとり、昭和三十三年生まれの高橋祐之さんが家族とともに経営している。

えりも短角牛のステーキを初めて食べたときの衝撃は忘れられない。ミディアムレアに焼いてナイフを入れると、きゅっと締まった張りのある赤身の肉。断面がしっとり輝いて、肉汁をたっぷり含んでいるのがわかる。ナイフで切り分けたひと切れを口に運ぶと、嚙めば嚙むほどじんわりと複雑なうまみが湧く。さっぱりしているのに、アミノ酸がたっぷり。これまで秋田や岩手、青森など北東北でも短角牛に出会ってきたが、高橋さんが育てた短角牛はきわだって風味が豊かでインパクトが強い。

明治二十八年、えりも町に釧路管内の牧場から導入された牛百五十頭は、現・岩手の南部藩で飼われていた日本短角種の南部牛をルーツに持つ。黒毛和牛は脂肪の甘さと柔らかさを前面に押し出すが、放牧されて育つ短角牛の肉は、天然自然の味わいが濃く、サシの入った柔らかな霜降り肉とは一線を画す。おなじ赤身肉、たとえばイタリアのキアナ牛でもこうはいかない。舌を痺れさせるような圧の濃いミネラル分が、とりわけ「高橋ファーム」の短角牛はずば抜けている。

フランスのブルゴーニュ地方とノルマンディ地方の境界あたり、プレ・サレと呼ばれる稀少な羊がいる。潮風を浴びて育ち、塩分をたっぷり含んだ草を食んで育つサフォーク種の羊肉は、天然のミネラル分に満ちた別格のおいしさだ。えりも短角牛のステーキを食べたとき、味覚を通じて瞬時に繋がったのが、じつはこのプレ・サレの味わいだった。牛と羊、フランスと北海道、まったく異なるにもかかわらず、肉の味わいが味覚の奥まったところで手を結んでいるというのが、私が受けた印象だった。理屈を超えて味覚に訴えかけてくる説得力。その理由を知るには、襟裳に足を運ばなければわからないと思ったのである。

なぜ、「高橋ファーム」で育つ短角牛はこれほどの個性を持ち得るのだろう。

その背景を探ってみると、襟裳の土地にまつわる物語の数々が浮き上がってきた。

そもそも襟裳の土地で短角牛の飼育が奨励されるようになったのは、襟裳一帯が砂漠化してコンブ漁が不振に陥ったからだった。漁師の副業として短角牛が飼われ始め、最盛期の昭和七、八年には飼育頭はゆうに千頭を超えたが、第二次大戦などが原因となって飼育が途切れがちになる。昭和二十五年になると、凶漁対策のために基礎牛十五頭が岩手県から導入され、短角牛の生産地として成果を上げ、昭和四十七年には飼育農家数七十五戸、飼育総数四百九十五頭を数え、いよいよ順調に伸びるかと思われたが、そうはいかなかった。平成三年、牛肉の輸入自由化によって打撃を受け、さらには、世間の嗜好はサシの多い柔らかな和牛をもてはやしたから、短角牛はジリ貧の一途をたどっていった。短角牛の将来に見切りをつけ、高値のつく黒毛和牛の飼育に切り替えたり、畜産そのものを廃業する家も相次ぎ、けっきょく襟裳に残ったのは一軒だけ、それが「高橋ファーム」だ。

高橋さんは、三代目のコンブ漁師でもある。えりも町東洋地区に生まれ、父、梅治さんも半畜産・半漁を営んできたのだが、じつは、コンブと短角牛の両立にはそれなりの理由がある。寒さと強風によって森林伐採が進み、いったん緑も魚もコンブも失った歴史の背景があることは、先に書いた通りだ。その困難を乗り越えたコンブ漁と短角牛の飼育には、自然の贈りものというべきサイクルがある。夏のコンブ漁の稼ぎどきには、放牧して育つ短角牛は手がかからず、海の仕事に集中できる。冬場は牛を里に連れてきて世話をするから、出稼ぎに行かずにすむ。短角牛は厳しい寒さに耐え、粗飼料を利用して育てられるのも好都合だし、乳量も豊かで子育てがうまい。短角牛とコンブは経済性を備えた土地の恵みだった。

現在、高橋さんが同い年の妻の秀子さん、長男の基弘さんとともに営む「高橋ファーム」は、町営牧野総面積約百ヘクタール、牛舎五棟、飼育数約二百五十頭。平成十四年につくった宿泊施設「守人〜まぶりっと〜」、肉を食べたいという要望に応えて併設した焼肉小屋「短々」も経営し、畜産から販売までを幅広く手がける。襟裳でひとり、孤軍奮闘する高橋さんは自他ともに認める「襟裳の異端児」だ。

びゅうと風が鳴る放牧場に立ち、目を細めて親子の群れを眺めながら、高橋さんは言う。

「みんなに『高橋さん苦労してきたね』って言われるけど、いや、その苦労のおかげさまなんだよね。なんといっても食べものだからね、工夫して、育てる苦労をして、いろんな人と出会って、おいしさを伝えるために努力してきました。いい系統の牛を掛け合わせて、いいサシが入って、いい格付けをもらって高い評価に満足する仕事とは違うんです。短角牛ってね、みんなが思い入れを抱く牛なんですよ。牛自身も、塩を運んで人間といっしょに労働してきた歴史を背負っている。取り引き価格が高いという理由だけでほかの牛に切り替えることは、自分には考えられませんでした。周囲は一軒ずつ短角牛をやめていったのですが、家族の間ではずっと話していたんです。〝迷うのはやめよう〟」

高橋さんは、短角牛との関係をこんなふうに表現する。

「短角牛を育ててきたのは、厳しい環境のなかで『この牛とともに生きる』という人生選択をしてきた人たちなんですよね」

この牛とともに生きる。さらりと聞こえがちだが、気骨のある言葉だ。いま、短角牛は、国内で飼育される肉用牛のわずか一%、圧倒的なマイノリティに属するのだが、高橋さんはその一%を「多様性」の意義だと捉えている。

「少数を排除してしまうのではなく、食べる人が自分の健康や嗜好に合わせられるよう、選択肢があることが大切だと思っています。若い人や身体を動かす人はサシの入った肉が欲しいだろうし、いっぽう、赤身の肉が好きな人もいる。牛肉の価値はひとつではないから、その使い分けが多様になったほうがいいと思うんですよね」

とはいえ、市場では黒毛和牛が高値で取り引きされる。短角牛一頭当たりの価格が黒毛和牛の三分の一に過ぎなかった時代も、高橋一家はじっと耐えてきた。「この牛とともに生きる」と思い定めたのだから、世間の評価や利益に足をすくわれるのはよそう。自分たちの決断の意味を問いながら、高橋さんは、短角牛を育てる意味を「多様性」に見出そうとしたのだと思う。

いっぽう、あいかわらず霜降り肉は主流である。流通価格を決める格付けでは、短角牛はせいぜいA2(最上級A5)止まり。牛肉の格付けを決めるにあたって、サシの入り方が重要な要素とされているからだ。しかし、近年は健康志向にあと押しされ、脂肪の少ない赤身肉を支持する消費者は確実に増えている。じっさい、高たんぱく・低脂肪に仕上がった赤身肉は、黒毛和牛の霜降り肉に較べてロースのたんぱく質は一・五倍、カロリーは約三分の二、うまみ成分である遊離アミノ酸もより多く、イノシン酸やグアニル酸も豊富に含まれていることがわかっている。じっくり噛みしめて滲みでるうまみをいったん覚えると、霜降り肉が苦手になる人も少なくない。私もそのひとりだ。近年、東京あたりでは、メニューに短角牛と明記して赤身肉の料理をだすレストランも多く見かけるようになっている。

大きな時間の流れのなかで、一%に過ぎないマイノリティの短角牛は埋もれた砂金のように存在感を光らせる。

午前五時十五分。薄もやに包まれた朝闇のなか、起き出して「守人」の外に出た。襟裳は「太陽が昇り、太陽が沈む町」。一日の始まりに水平線から昇る朝日を浴びてみたくて、すぐ裏手の牛舎のほうへ回り、太平洋を望んだ。

うわあ。思わず声が出た。赤とも茜色ともつかない一点が東の地平線に現れ、見とれながら待っていると、秒単位でぐんぐんと海を染めてゆく。紫色。茜色。桜色。朝焼けの空に絵筆が忙しく走るようにめまぐるしく変わり、彩度を高めてゆく。腕時計を確かめると、日の出時刻午前五時二十三分。太陽の半分が地平の上まで現れたとき、いつのまにか隣に立っていたカメラマンのSさんがつぶやいた。

「大福みたいですね」

まんまるの太陽が水平線の上に悠然と鎮座し、太平洋を悠然と照らしている。

牛たちはどうしているだろう。牛舎にそっと足を踏み入れてみると、まだ寝ぼけまなこで静まり返っている。オガクズが敷き詰められ、掃除の行き届いた清潔な舎内。約十四ヶ月の放牧ののち、生後月齢二十二〜二十四ヶ月の牛たちが肥育期を過ごしている。骨格も筋肉もがっちりと締まっているのは、丘陵を自在に登ったり降りたり、十四ヶ月のあいだ毎日たっぷり運動して健康に育ったからだ。

午前六時、青いツナギ姿の高橋さんと秀子さんが入ってくると、ふたりの姿を見た牛がむっくり起き上がる。飼料の入った容器のコックを開け、スコップで小麦を足し、牧草をロールから剝がしては餌箱に入れると、もふっ、んふっ、大きな鼻の穴から噴き出る白い息。頭をぶるんと振って勢いをつけ、いっせいに餌箱に顔を突き出して朝食の時間が始まった。

おいしい肉づくりは、餌づくりにも大きく関わっている。「高橋ファーム」の飼料は、ゼロから始めた試行錯誤の収穫である。仔牛期（〇〜八ヶ月）は母乳で育て、離乳後は牧草と自家製サイレージの餌を中心にする。牧草は、初夏の頃、自分たちで刈り入れて集めてむらなく乾燥させたものを直径一・五メートル、重さ三百五十キロほどの大きなロール状態に作ったものから取って使う。この牧草ロールにしても、質のいいものを作れるかどうかが酪農家の腕のみせどころだ。いっぽう、穀物配合飼料は一般的な使用量の三分の一にとどめ、ビール工場から仕入れたビールの搾り滓《かす》と十勝産の麦を組み合わせる工夫も試し始めた。飼料の価格高騰を切り抜ける創意工夫も手腕のひとつだから、いけそうだと思ったらすぐ試してみるのが高橋スタイルだ。うまくいかないと思えばすぐに引っ込め、べつのやり方を探す。育成期や肥育期を通じて与える配合飼料はトウモロコシ、大麦、小麦、フスマ、糖蜜、食塩などを組み合わせ、あくまでも自家製サイレージや牧草をメインに組み立てている。もちろん、肉骨粉やホルモン剤には縁がない。夫婦で手分けして牛舎を何度も往復しながら、朝一回、夕方一回の餌やりの仕事をこなす。夢中で食べる牛たちを、牛舎に射し込む太陽の光が照らしていた。

高橋さんが牛たちに接する様子は、「つかず離れず、距離を詰め過ぎない」。放牧地をいっしょに見回りに出たとき、あとをついて歩きながら訊いてみた。

牛の様子をチェックするとき、何を見ているんですか。

「雰囲気だね。全体の雰囲気」

ゆるやかなカーブを描く牧草地の全体をぐるーっと見まわしながら、高橋さんが言う。

「著しく鳴いていたり、ちょっと興奮している牛がいると、何があったのかを考えます。仔牛が鳴いていれば、親子が離ればなれになっているのかもしれないと見当をつけたり」

放牧地にいる牛たちはオスもメスもいれば、年齢もばらばらだが、集団にはひとつのまとまりがある。親子が離ればなれになっていれば、なんとなく落ち着きのない空気になるし、母牛が仔牛を呼ぶトーンも微妙に違う。鳴き声は、牛からの信号のひとつ。ふだんとはニュアンスの違う声が耳に入ってくれば、そこにはなにかの原因があるはずだ。妊娠している牛は放牧期間中に自然分娩をするから、動向に注意を払っていなければならないし、草が減る晩秋から冬にかけては、あらかじめ収穫しておいた牧草を補充したりもする。少年時代、短角牛の乳を飲んできたし、牛たちと家族どうぜんに触れ合ってきた高橋さんにとって、「雰囲気」とは、これまで蓄積してきた経験を信じる最良の判断材料であり、有力な情報収集の手がかりなのだ。

放牧場を歩きながら、気がついたことがある。短角牛の佇まいには、どこかほっとするような落ち着きがある。本州の北東北地方で放牧されている短角牛を眺めたときも、やはり同じ感情を抱いたことを思い出す。緑のなかに赤茶色の牛がたたずむ姿が、何百年何千年も前から変わらない原風景に映るのだ。

「そうなんですよ、この牛のいる風景の色のバランスがいいんだよね。黒い牛だとなにかが違うんだよね、申し訳ないんだけど(笑)。短角牛の、人間との距離感が好きなんです。野性味があって、べたべたしてこない。でも、俺のことをわかってる」

かつて荷役を担いながら日本人の生活を支えてきた短角牛との深いつながりを考えずにはいられない。

高橋さんが少しはにかみながら、ぼそっとつぶやく。

「なーんか短角牛はそばに行きたくなるんだよね」

五月から十二月半ばまで東洋地区での放牧期間が終わると、牛の大群を折別地区まで連れてゆく。一時間半かけて四キロ、牛たちがゆっくり大移動する光景も「高橋ファーム」の慣例だ。

「牛より先を歩いて、〝こっちだよ〟と合図するとね、あとをついてやって来るの。『牛を追う』という言葉があるでしょう、でもそうじゃない、『牛迎え』です」

少しずつ「放牧」の意味がわかってくる。放牧の基本は、適度な距離を保ちながら牛たちを尊重し、自然な環境のなかで成長をサポートして育てること。「高橋ファーム」では、牛の出産もできる限り自然分娩を通している。逆子の場合は介助するけれど、牛の「産む力」を最優先するのが長年のならいだ。

「いつも介助していると、牛のほうも人頼りになってくるんですよね。自力でがんばれなくなってしまう」

放牧という育て方は、動物としての本能やエネルギーを奪わない方法ともいえるだろう。いっぽう、放牧を守るための仕事はあとからあとから湧いてくる。草地の改良、牧草作業機の整備、牧柵の管理、雪で押し潰されがちな牛舎の補修、毎年定期的におこなう仔牛のダニ熱の検査、エゾシカによる農業被害も長年の悩みのタネだ。それにしても、目前に広がる雄大な放牧地に立っていると、かってこの牧草地が赤土の砂漠だったとは信じられない。

昭和五十三年、父、梅治さん所有の六歳メス短角牛は、北海道主催の全道総合畜産共進会の肉用牛の部で全道最高位を獲得した。その五年後には、父が生産、息子が飼育した繁殖用の七歳メスがホクレン主催の全道肉用牛共進会で最高位に輝く。それでも、牛肉自由化によって競争に拍車がかかり、価格は暴落した。この事態は、梅治さんの人生に衝撃的な打撃をあたえる。

「父に言われました。『これまで努力して品評会で評価されてきたけれど、やっぱり短角牛はだめだった。やめたいなら、やめてもいい』。父はつらかっただろうと思います。ずっと前向きに生きてきた人だから、よけいにね。だから、こっちも簡単には辞められないですよ」

昭和六十三年、六十歳を区切りにすべてを息子に委ねて引退。その翌年、梅治さんは急逝した。

父から受け継いだ短角牛の繁殖の仕事を、高橋さんは、時代を見据えて食肉生産に切り替える。海外視察に出向いたり勉強会に出席したりしながら積極的に見聞を広め、「おいしい肉をつくる」ために模索した方法をあれこれ試して「高橋ファーム」の進む道を探ってきた。宿泊施設や焼肉小屋をつくったのも、〝生産だけでは状況は変わらない、自分から動いて短角牛の魅力を積極的に伝えなければ〟と学んでのことだ。

焼肉小屋「短々」で、高橋さんがみずから肉を焼いてくれた。精肉はリブロース、ウデ肉。内臓はミノ、サガリ、タン、レバー、ハツ。野菜は地元で穫れたかぼちゃ、玉ねぎ、ズッキーニ、キャベツ、もやし。精肉も内臓も、どれを食べてもメリハリのはっきりとした味なのだが、さっぱりとして軽く、いくらでも食べられる。うまみの濃さ、食べ心地の軽やかさ、このふたつが同居しているのが「高橋ファーム」が育てた短角牛の持ち味の特徴だ。もちろん、すでに書いたように、ミネラル分を感じさせる複雑な風味はあとを引くうまさ。ほかでは味わえない。

トングを握って、網の上で焼く肉に視線を注ぐ高橋さんの真剣な目。

「あ、いいね。いまが食べどきだね」

リブロースを切り分けながら、続けた。

「命が食べものに変わる瞬間を逃しちゃいけない」

「襟裳の異端児」は人脈づくりも得意で、気がついたらいつも走り出しているらしい。妻の秀子さんが苦笑いする。

「そのあとの細かいことをこっちが全部引き受けなきゃならないから、家族はもう大変なんですよ（笑）」

将来、四代目を引き継ぐ息子の基弘さんは結婚して一児の父。酪農学園大学で畜産を学び、ほかの牧場で畜産の経験を積んだのち、いま父の背中を見ながらいっしょに働いている。「高橋ファーム」は襟裳のラストワンから、この土地ならではのオンリーワンとして盤石の構えだ。

えりも町長（当時）、岩本溥叙《ひろのぶ》さんも「高橋ファーム」の歩みを応援するひとりだ。内外の住民だけではなく、道議会議員の「えりも短角牛を食べてみたい」という発信には説得力がある。「高橋ファーム」には、毎月二十九日（ニクの日）に送られてくる肉を楽しみに待つ会員が全国に百人ほどいるのだが、地域の活性化の原動力は地域のなかにこそ埋もれていると高橋さんは言う。

「ともかく人なんですよね」

人の動きが地域を動かし、短角牛を通じて繋がりが生まれ、広がってゆく。襟裳の短角牛は地域活性化のモデルにもなっている。

岩本町長には、先達たちが残した牧野を過去の遺産にしたくないという強い思いがある。

「草地改良した造成ずみの町営牧野が、町内に何ヶ所もあるんです。主体になっているのは高橋くんの牧場付近の東洋地区ですが、ほかにも使える土地五百ヘクタールがある。それを放置していると、荒廃地になる恐れがあるし、鹿の巣窟になる。畜産を手掛けて定住したいという希望があれば、牧野を提供して、町として応援したいと思っています。日高町では、東日本大震災のとき、被災した農家の方々といっしょに牛や馬も来て、落ちついたらまた戻っている。そんなふうに、東北との縁を大事にする手がかりにもしたい。先日、台風で大きな被害を受けた岩手の岩泉に、町営牧野の提供を申し出たばかりです」

岩本町長の父は、じつはえりも短角牛の名を真っ先に知らしめた人物である。昭和五十二年、つまり、高橋梅治さんが全道最高位を得た前年、全道肉用牛共進会で第四部（未経産）の一等一席に選ばれた牛が、岩本源太郎さん所有の日本短角牛。岩本家と高橋家は短角牛をめぐる盟友同士でもあるのだが、これまでの短角牛をめぐる険しく長い道のりをたどると、北の土地で生きる人間同士の結びつきが浮かび上がってくる。岩本町長と話すうちに伝わってきたのは、いまも変わらない短角牛への愛着、そして岩本家が手放した短角牛にたいする一抹の心残りだった。

からりと晴れた朝、襟裳の浜を散歩していると、襟裳の夏の風物詩、コンブ漁の光景に行き遇う。

そろそろ収穫期の終わり間近、沖合には十数隻の船が出てコンブを獲っているのが見える。浜の近くでも、スイムスーツを着た男たちが海中に入り、ぬめぬめと光る茶色いコンブを拾っては腕に掛け、着々と溜めてゆく。浜辺や陸には、地区のあちこちにコンブの天日干しの光景がある。収穫した長いままのコンブをトラックで運んできて、敷き詰めた砂利の上に一本ずつ広げ、ずらりと等間隔に並べて干す。気温の高い日は干しどき。重ねて敷き詰めた砂利の間から蒸気がどんどん抜け、太陽熱と強い風を浴びて厚いコンブがわずか一日でまっ黒に乾き上がる。一日ですばやく乾かさないと等級が落ちてしまうから、天候の読みと人力が頼り。もたもたしていると一等級のものが三等級に下がってしまうから、地元ではこの時期に里帰りしたり、会社の出勤前に手伝ったりもする。乾いたら集めて規格サイズに切断し、数十種類の等級に選別したあと業者に卸して日高昆布が誕生する。

今年の採れ高はいかがでしたか。日除け帽をかぶってコンブを干し場に広げている年配の女性に訊いてみた。

え、という表情になってこちらに視線を向け、そっけないつぶやきが返ってきた。

「どうにもこうにもなんねえ」

首を左右に振りながらのひと言が苦かった。海が荒れて大波が来ればコンブがちぎれるし、岩から抜けて流れてしまったりもする。

高橋ファームが遠方の顧客に向けて毎月発行している「王国だより」一五八号(二〇一五年八月二十九日発行)には、こう記されている。

「台風16号の影響を受けて、海は大しけで、恐ろしい位の高波が押し寄せました。コンブ漁にも大きく影響が出て、沢山の昆布が波で抜け、流されました。どれくらい残っているやら……。船の揚場も壊され、砂浜の砂が波でさらわれ、岩場となりました。今年は特に順調に行かないコンブ漁ですが自然には勝てません。受け止めて暮らすことですね。こういう時があって、短角牛の生産が始まったわけですから。牛たちは、涼しい風に吹かれ元気を取り戻しています」

「どうにもこうにもなんねえ」も正直な本音、「受け止めて暮らすことです」も率直な本音。襟裳の暮らしはこの揺れ幅のなかにあり、いっぽう、季節の巡りとも足並みを揃えながら進んでゆく。初夏、一年の最初の牧草刈りが終わる頃にコンブ漁が始まり、コンブ漁が終わる頃、二番牧草の刈り入れがスタート。お盆が過ぎれば、襟裳の海に鮭が帰ってくる。

大きな自然のサイクルのなかに、牧場はある。

「王国だより」二〇九号（二〇一九年十一月二十九日発行）より。

「子育てを終え、離乳して3ケ月位すると、放牧地では次の子牛が生まれ始めます。この季節、放牧地の草も枯れ始め、草丈がないので、牛の居場所が道路からよく見えます。先日、放牧地の側を車で走っていると、ポツンと小さな子牛が立っていて、遠くには牛の群れが見えていますが、周りにはお母さん牛がいません。まず誰が生んだのか確認……いました！　子牛の側を心配そうに寄り添っているお母さん牛。双子だったらしく、広い牧草地をどこまでも歩き回る活発な子牛の方に付いていたようです。のんびり寝ていたこの子牛は置いてきぼりになっていたのです。広い放牧地で双子を育てるのは大変なので、この子は車に乗せて牛舎へ。ミルクで育てることにしました。生まれて間もなくシッポの先をキツネかアライグマにでも食べられたのか、半分しかありません。あの時車で通っていなければ発見できずに死んでいたかもしれません。自然の中で生きる大変さを実感。一つの命が助かってよかったです。今はミルクで元気に育っています」

三十五回目を迎えるえりも町恒例、十月のお祭りに足を運んだ。「風に向かって食べ歩こう！　えりも海と山の幸フェスティバル」。広い敷地に出店が揃い、朝から大盛況だ。毎年、町外から楽しみに訪れる家族連れも多く、駐車場に停めた車のナンバープレートには北海道のいろんな地名がにぎやかに並んでいる。「浜の母さん力作　いくら丼」の看板につられて近づくと、大鍋に鮭汁、きのこ汁、手製のいくら丼がずらり。あっというまに長い行列ができているのだが、私も魅力に逆らえず、列の後ろにつく。五分も待つと、湯気を立てる鮭汁の大鍋が目の前に現れた。浜のお母さんがよそってくれる熱い鮭汁をすすり、鮭の切り身に箸をつけると、香ばしい桜色の身がほっくりと崩れた。ツブの串焼き、炙りイカ、ホッケ、桜マス、筋子、サメガレイの切り込み、揚げた鹿肉、鹿肉メンチカツ、舞茸シュウマイ、とにかく北の味にはエネルギーがある。短角牛のコーナーには、手製のメンチカツやコロッケを売る高橋さん夫婦の顔が見える。航空自衛隊襟裳分屯基地の隊員が作るカレーうどんの芳しい香りもあたりに漂う。

ぜひ見たいと思っていた「えりも駒踊り」が始まった。踊り手は町立北海道えりも高校一年生たち。「えりも駒踊り」は、岩手の南部駒踊りに起源をもち、旧南部藩ゆかりの移住者たちが故郷をしのぶ踊りとして襟裳に伝承される郷土芸能である。青空の下に響く太鼓の音、ピーヒョロ、ピーピョロロと流れる笛の旋律。笠をかぶって装束に身を包み、若駒に扮した裸足の男女が跳ねたり飛んだり、ほがらかに踊る姿をみんなが見つめる。今日のお祭りは、えりも駒踊り保存会勇駒会の指導を受けて高校一年生たちが練習を積んだ成果を発表する場でもある。右へ、左へ、独特のリズムで跳ねながら、扇子をひらり、ひらり。踊る若駒たちの真剣な表情に惹きつけられた。

かつて何もない春を乗り越えた襟裳岬で、北の歳月が途切れなく繋がっている。短角牛を育てる仲間がひとりずついなくなり、ついに自分ひとりになってしまった現在を「さみしい」と思いながら、それでも高橋さんは牛とともに生きている。

7章　内臓——東京・品川「うまい」をつくり出す現場

　ミノサンドの名前を初めて見たのは二十数年前、大阪・鶴橋の焼き肉店の品書きだった。

　ミノは、牛の一番目の胃袋。レバーと並ぶ焼き肉の内臓の二大定番だからミノは胃袋だとわかっても、サンドの名前がつくと、いっこうに想像がつかなかった。サンドというのだから何かをはさんでいるのだろうか。好奇心をそそられながら、注文しようかどうしようか迷っていると、案内してくれた大阪の友だちに「いま鶴橋で一番人気がある部位やで」と背中を押された。

　皿に盛られて運ばれてきたミノサンドは、真珠の粉をまぶしたような透明感の強いベージュ色に輝いており、ちょっとアワビにも似ている。そうか、ぷりぷりのミノが厚い脂の層を〝サンド〟しているから、ミノサンド。箸でつまんで網の上にのせると、脂がじゅわじゅわと滴り落ち、そのたびに炭火から火柱がぼっと立つ。さっそく食べてみると、さくさくのミノの嚙みごたえを甘い脂がふわっと包みこむので、これはすごい、こんなゴージャスな食べごたえがあるのか、と驚かされた。ウルテ、ヤン、シマチョウ……なにかの符牒か暗号みたいに並ぶカタカナ群にも圧倒され、鶴橋はすごい、知らない世界がここにある、と昂奮したことを忘れない。

子どもの頃は知らなかった内臓の料理をめぐる未知の扉を、少しずつ開けてきた。ビストロやレストランで出会ったトリッパの煮込み、タンシチュー、キドニーパイ、オックステールの赤ワイン煮込み、バベットステーキなど。獲物の肉や内臓をあますところなく調理し、生かし、知恵と技術を注ぎ込んでうまいひと皿に仕立てるところに執念さえ感じる料理の数々。パリの食堂でナイフとフォークを握って皿いっぱいのバベットステーキを切りながら口に運び、嚙みしめ、合間に赤ワインで喉を潤すとき、やみくもにエネルギーが湧いてくる。そもそもヨーロッパの狩猟文化にあっては、内臓料理は日常の食材のひとつだ。

確信が深まっていった。

肉も内臓も、生きる悦びと力を等しくあたえてくれるもの。

二〇一七年七月のある日、品川駅港南口の焼き肉店に五人が集まった。肉は好きだが、内臓はときどき食べるくらい、しかしおいしいものは大好きだと言う男性一名と女性四人、みな四十代。先入観や思いこみがない、反応がストレートな面々だ。

ヤン。ハツモト。ウルテ。マルチョウ。ギアラ。シビレ。カシラ……生ビール片手に、どんどん食べた。脂が勢いよく飛び散った染みだらけのノートを開くと、メモの文字から煙と匂いが立ち昇ってくる。

口々に言った。

「食べ続けてもまったく飽きないのはなぜだろう。中年になって、肉は少し食べたらもういいかなと思うようになったのに」

「じつは三日前、家族で焼き肉を食べに行ったのだけれど、カルビとロースとヒレとタンの四皿でそそくさと終わってしまい、あとが続かなかった。肉を食べ続けていると、エネルギーが削られる感じがする」

「ひとつずつ焼け方が違うから気が抜けなくて、火鉢仕事に似ている」

「カルビとロースの差など較べものにならないほど、内臓は一種類ずつ違いがはっきりしている。個性がものすごく明確だから飽きないのかな」

「ヤンってなに？　へえ、ハチノスとセンマイの繋ぎめですか。目をつぶって食べると上品な貝かなと思う」

「肉を焼くと、なにかに追われている気分になるけれど、ホルモンを相手にしているとゆったりする」

しだいに内臓礼賛に転じている。

アキコさんがとどめのひと言を放った。

「どうも世の中にはファッションホルモン好きが多い気がするんです。内臓のおいしさって本当に理解されているのだろうか」

一瞬、全員の箸を持つ手が止まった。

鋭い分析だ。アキコさんは言外に指摘している――内臓は理解されているのだろうか。満腹をさすりながら外に出ると、目と鼻の先に東京都中央卸売市場食肉市場・芝浦と場がある。各地から出荷された牛や豚をと畜、食べものとして生産し、流通を担う東京の台所だ。

と畜した牛や豚の生体から枝肉をはずしたものを副産物、そこから皮を取ったものを副生物という。副生物とは頭、脚、尾、内臓を指し、英語では「バラエティミート」と総称される。副産物はホルモンと呼ばれることが多く、語源は〝放るもん〟、つまり廃棄するほど価値のないものともいわれる。その真偽はさておき、「放るもん」という言葉には、精肉以外のものにたいする軽視も混じりこんでいるのではないか。じっさいは、ホルモンはドイツ語の医学用語で、体内の器官に生理作用や機能をもたらす内分泌系の物質を意味する。生きものの命をいただくうえで、頭、脚、尾、内臓、肉、すべての価値は等しい。

副産物は食べものとしてだけでなく、医療の分野でも重要な役割を果たしていることはもっと広く知られるべきだろう。骨や皮に多く含まれているコラーゲンは人工臓器や人工血管、止血剤、縫合糸、インプラント材など幅広く応用されており、肺や肝臓は血液凝固剤、胃粘膜や膵臓は胃腸薬……挙げればきりがない。また、飼料や肥料にも活用され、骨や脂肪は工業用フィルム材、石鹸など。私たちの社会は、動物の副産物の恩恵を受けることなしには成り立たない。

食肉市場の一角、正門から入ると三トントラックが並ぶ倉庫群や牛・豚の係留所が並び、それらを通り抜けたあたりに東京芝浦臓器（株）がある。一九六七年設立、芝浦でと畜した牛・豚の副生物を扱い、こまやかな専門技術をほどこしたのち、取引先に卸す。社員とパートふくめ約百六十人、食肉市場内で唯一の内臓卸会社である。

芝浦での内臓処理の仕事には紆余曲折の歴史がある。私たちが質のいい内臓を食べられる理由を理解しておくためにも、知っておかなければならないことだ。

一九六六年、東京都中央卸売市場食肉市場が開場され、その翌年、東京都はと畜解体作業の協力にたいする「報償費制度」を導入した。東京芝浦臓器（株）は、内臓の扱いが問屋制から市場制に移行することによって生まれた組織で、東京都と同社は「報償費支出契約」を結ぶ。それまで、と畜解体現場では、作業協力という名目の無賃奉仕でいわゆる〝ただ働き〟が強いられ、内臓を扱う労働者がと畜解体を担う現実が慣例化されていた。この歪みを改善するため、まず最初に内臓に携わる労働者が立ち上がり、しだいに彼らの声が大きなうねりとなって、芝浦に労働組合の誕生を促した――この事実を、まず記憶にとどめておきたい。つまり、内臓処理の仕事に携わる人々が、と畜に携わる労働者の人権を獲得するうえで重大な役割を担ったのである。

いま、内臓処理の現場ではどんな仕事がおこなわれているのだろう。

精肉は一日熟成したのち出荷されるが、内臓の出荷は時間を争う。質のよさで評判をとる東京芝浦臓器では、どんな技術によって内臓が扱われているのか、知りたい。取材と撮影の申請を提出し、同社と東京都から許可が下りるのを待った。

「やあ、いらっしゃい」

にこやかに迎えてくださったのは、取締役の大森一隆さんだ。大森さんは七四年、芝浦の内臓業者の会社に就職、〝ただ働き〟の時代から現在までをつぶさに知る人物で、元全芝浦屠場労働組合委員長でもある。温厚な人となりが周囲の信頼を集める、芝浦での中心人物のひとりだ。

内臓処理の現場にはいる前に、最近の動向を大森さんに訊く。

このところ牛の入荷頭数が減っていると聞きますが、内臓処理の仕事にも影響があるのではないでしょうか。

「この仕事は『創りだす』仕事ではなく、と畜があって初めて派生する仕事です。ですから、と畜数が足りないと非常に厳しい状況に置かれるわけです。いっぽう、以前のもつ鍋ブームをきっかけとして内臓の食べ方が多様化し、我々も情報交換して業者同士が繋がることが大切になってきました。ひとことで内臓といっても、売れるもの、売れないもの、余るもの、余らないものがある。品薄のときの手配も大切ですから、近年、ネットワークと営業力をつける必要性をいっそう痛感しています」

品薄だが、しかし、需要は拡大している。かつてない転換期にあるというのが大森さんの認識だ。また、これまで東京近辺だけを相手にし過ぎた傾向がある、多様な内臓の食文化をもつ大阪、一大生産地である北海道や九州とのつながりをもっと大事にしていかなければ、と大森さんは危機感を募らせていると言う。

「競争が激しくなれば、それだけ高い技術が要求されます。昔は、カシラをおろすとき、骨に赤い部分が残っていると、無駄をするなと怒られたものです。赤い部分があると、ナイフでこそげ取った。この仕事は、自分の仕事に精通しなければ生き残っていけないんです」

内臓の取り引きをめぐる状況は、めまぐるしい。牛のテールや心臓、気管などの需要がなかった昔。いずれも廃棄処分にしていたが、すこしずつ需要が高まるようになってゆく。そののち、二〇〇一年、ＢＳＥ（牛海綿状脳症）が発生、一一年にはユッケによる食中毒やレバーから０１５７（腸管出血性大腸菌）が発見され、生レバーの提供が全面禁止された。いっぽうハツ刺しの需要が増え、全国的にハツがひっぱりだこの状況が続いている。もつ鍋や焼き肉に使う大腸や小腸は、脂のつけ方について細かい注文が増えるようになり、嗜好がいっそう多様化している。医療分野での需要も、年々増加するいっぽうだ。

東京芝浦臓器として、半世紀をかけて培ってきた名前とブランド力だけにおちおち頼ってはいられない時代が到来した。

内臓処理の作業場に入るために、白衣と白長靴に着替えて準備を整えると、こちらも気が引き締まる。

「じゃあ、ご案内します」

白衣に着替え、牛の内臓だけを扱う処理場に案内してくださるのは大動物部・奥野勇さんだ。奥野さんは三十七歳、作業全体の責任者を務め、パート社員たちの技術指導役も担うベテランである。

「大量の湯や洗浄のための水を使いますから、湿気もすごいです。真夏など、作業場で仕事をしてから外に出ると、『うわあ涼しい』って思うくらいです」

空調は効いていても、汗がしたたり落ちて自分の長靴のなかに溜まる日もあるという。

大動物棟、と畜ラインのある施設内。迷路のような通路を進んだ一角に内臓処理場がある。と畜後、獣医師であると畜検査員が一頭ずつ疾患の有無を検査、合格したものだけがラインに載って運ばれてくるシステムだ。黒毛和牛一頭約七百五十キロ、うち可食内臓の総計約六十七キロ。各部位に分けてすばやく内臓を冷蔵管理し、すべてに個体識別番号の札が付けられる。

内臓処理の作業が始まるのは、と畜がスタートする午前八時台から。品質のバラつきをなくすため、三十六ヶ所の卸し先への振り分け順は毎日シャッフルされ、配線表に従って公正に分配される。

カシラ（ツラミ）　頭部の骨から左右のホホ肉をナイフで切り取る。ひとつ六百〜八百グラム。平らかな小山のような形をしている。

タン（舌）　二キロ弱、赤紫色の舌部分の甘皮、脂などを掃除し、八十度以上の湯で消毒したナイフで特定危険部位の舌扁桃を切除する。

尾　約一・四キロ、長さ六十〜七十センチの細長いかたまりをナイフで成形する。

脚　シューターから落ちてくる脚一本につき二百〜四百グラムのアキレス腱を一本、ナイフで採る。

作業室の次の扉を開けると、赤物と呼ぶレバー、ハツ、ハラミ（腹部側の横隔膜）とサガリ（背側の横隔膜）がフックに吊り下げられ、人の手に触れることなく運ばれてくる。

レバー（肝臓）　紫色の巨大な塊に付いている胆嚢をナイフで除去し、脂、血管、リンパ節を除去したのち、重量をチェックする。

ハツ（心臓）　一セットの心臓を切り分けたあと、大動脈（ハツモト）、ハツ芯部分を切り離す。

ハラミ（横隔膜）　余分な脂をナイフでトリミングする。

いずれも、次亜塩素酸ナトリウム液で殺菌し、すみやかに冷蔵管理する。

さらに作業室の奥、あらたな扉を開けると、そこは消化器系の「白物」つまり胃と腸だけを扱うエリアだ。もわーっと室内に充満する湿気。衛生管理のため、湯、水、氷を必要におうじてふんだんに使い、床にはつねに水が流れる。男女十名、白帽子、白エプロン、白長靴の作業員がそれぞれの手にナイフを持ち、一心不乱に仕事中だ。

ビビーッ！

あたりにサイレンの合図が響いた。と畜ラインに直結したラインから、牛一頭の胃と腸がつながったまま、どうと転がり出てくる。

通常二分半ごとに繰り広げられる光景には、とにかく圧倒される。

ざっぱーん。

盛大な水しぶきとともに、シューターからどどーんと音をたてて作業場に流れこむ胃と腸、その途方もない重量感。ふたりがかりで抱えても間に合わない白い臓器のかたまりは、ほかほかと湯気を立てており、つまり、と畜直後の時間との競争を要求している。
待ち構えた作業員の男性が、大きなナイフを右手にして正面に立つ。すーっと一閃《いっせん》、巨大バルーンのような第一胃（ミノ）を切開してぱんぱんに詰まっている未消化の内容物を取り出し、開いた胃のなかを大量の水で洗浄しながら、第二胃（ハチノス）、第三胃（センマイ）、第四胃（ギアラ）、各部位に切り離してゆく。胃と離れた小腸や大腸のひとつながりは、Y字型の路線を通って反対方向の作業台へ。
ミノ（第一胃）　台のうえで内容物を出し、洗浄する。厚い部分は上ミノ、脂の多い部分はミノサンドに切り分ける。
ハチノス（第二胃）　ミノからボール状のハチノスを切り分ける。甘皮、余分な脂を除去し、湯むきする。
センマイ（第三胃）　ドラム式洗浄機で二度洗いし、蝶型に切り開き、水槽でもみ洗いする。さらに湯がいて皮を剝くと白センマイになる。
ギアラ（第四胃）　センマイとギアラを切り分け、十二指腸との接合部分から切開し、内容物を出してから水槽で洗浄する。
新鮮な内臓は匂いもなく、グロテスクでもない。目の前の胃が、ぱあんと光ってぷりぷりの存在感を放つさまには威厳さえ感じられる。さあ、まかせたぞ。内臓が、無言のうちに人間の力量を問うてくる光景を見ながら、思いいたる。この空間に漂う緊張のおおもとは、商品としての価値を生み出そうとする責任感であり、プロ意識だ。

そばに近づくのもためらわれるスピーディな動き。奥野さんの説明を聞いていると、目の前の作業の意味が少しずつ解きほぐれてくる。

「ミノとハチノスはいっしょに洗浄機にかけ、ナイフで上ミノ、ミノサンドに切り分けて、さらに手で洗います」

手間のかけように驚いていると、じゃあ僕がやってみましょう。奥野さんが、切り離された上ミノを手に取った。大きな蝶のような形。肉厚の生地が羊毛に似た黒い繊毛に覆われている。指に力をこめ、ぐーっと引っ張りながら表皮をめくり上げると、乳白色のすべらかな肌が現れた。繊維のあいだに入ったゴミや不要物を丁寧に流水で洗い落とすためには、素手の感覚が大切なのだという。

「ミノの皮を剝くとき、最初のとっかかりがむずかしいので、みんな少し親指の爪を伸ばして引き剝がしたりしています」

奥野さんの親指の爪も、すこし伸ばしてある。

脂の層をはさんだミノサンドは約一キロ。牛の第一胃自体が約十一キロ、そこから切り出したわずかな部位なのだから、稀少価値は高い。

「適度に脂をかまして切るので、うちのミノサンドはおいしいと思います」

どれだけ脂をつけて残すか、脂を削ぐか、ナイフ捌きの裁量にかかっている。一部始

られている』。

ハチノスの仕事にも驚かされた。灰色の繊毛がついたままのハチノスを十頭分、約六十度まで温めた液（小腸を煮た後のお湯）に入れ、専用の棒で何度も突くのは、槽内で湯むきするため。十分ほど突いてから取り出し、温かいうちに手でごしごし、力を入れて擦《こす》り合わせる。すると、繊毛がぼろぼろ剝がれ、あのきれいなハニカム構造の表面が現れた。脂肪や汚れを完璧に取り除いた薄いピンク色のハチノスは、まるで幾何学模様の工芸品だ。あるいは、センマイ。洗濯機に似た専用の機械に入れて二度、念入りに水で洗浄する。そのあと冷水にさらし、まさに密生した千枚のフリルを広げながら一枚一枚、襞《ひだ》の根もとまで指で広げて掃除をする。

「つねに全員が目を光らせて仕事をしています。ごみひとつ、毛一本つけず、いかにきれいで衛生的に仕上げるか。みんなの意識はそこにあります」

ナイフ仕事は、思わず「ほーっ」とため息がもれるプロフェッショナルのそれ。黄白色のフレアースカートのようなギアラをフックに吊るし、裏面に左手を当てながら、表側の脂肪をナイフですーっすーっと削いでゆく。ビロード布のように柔らかい第四胃は、触れるとにゅるりと逃げてしまうのだが、ここで働き始めて数ヶ月目だという三十代のパートの女性のナイフは表面を俊敏に滑り、よけいな脂肪だけを削いでゆく。

手つきに惹きこまれて見入っていると、奥野さんが言う。

「彼女の技術はすばらしいんです。僕でも敵いません。肩の可動域の使い方がすごいんですよ」

ベテランの女性が、ほかに何人もいる。それぞれのナイフ使いを注視していると、なるほど腕力にまかせるのではなく、腕全体から肩までがひとつながりになって動く。内臓にかかわる仕事は、繊細さに支えられている。目的に合わせ、磨いた技術を的確に発揮できるかどうかが勝負どころ。もし誰かが手を抜けば、仕事のアラは傷や匂い、汚れにつながってダメージが波及する。

「でも、こだわり過ぎてもだめなんですよね。きれいに仕上げるといっても歩留りを考えることも大事です。マニアックになり過ぎず、押さえるところは押さえる。そのあたりは本人の塩梅としか言いようがない。仕事はおおらかに、楽しく、です」

流れのなかでスピードを要求される仕事は、チームワークも決め手になってくる。そのあたりのバランスが「仕事はおおらかに、楽しく」なのだろう。

大腸を成形するポジションでも、男性と女性が肩を並べてナイフを握っている。

大腸　水圧を使って内容物を中抜きし、水槽内でナイフを使って脂を取る。このとき、特定危険部位の回腸部分を除去する。ナイフで脂を取り、シマチョウ、モウチョウ、テッポウ（直腸）に分離し、それぞれを成形する。

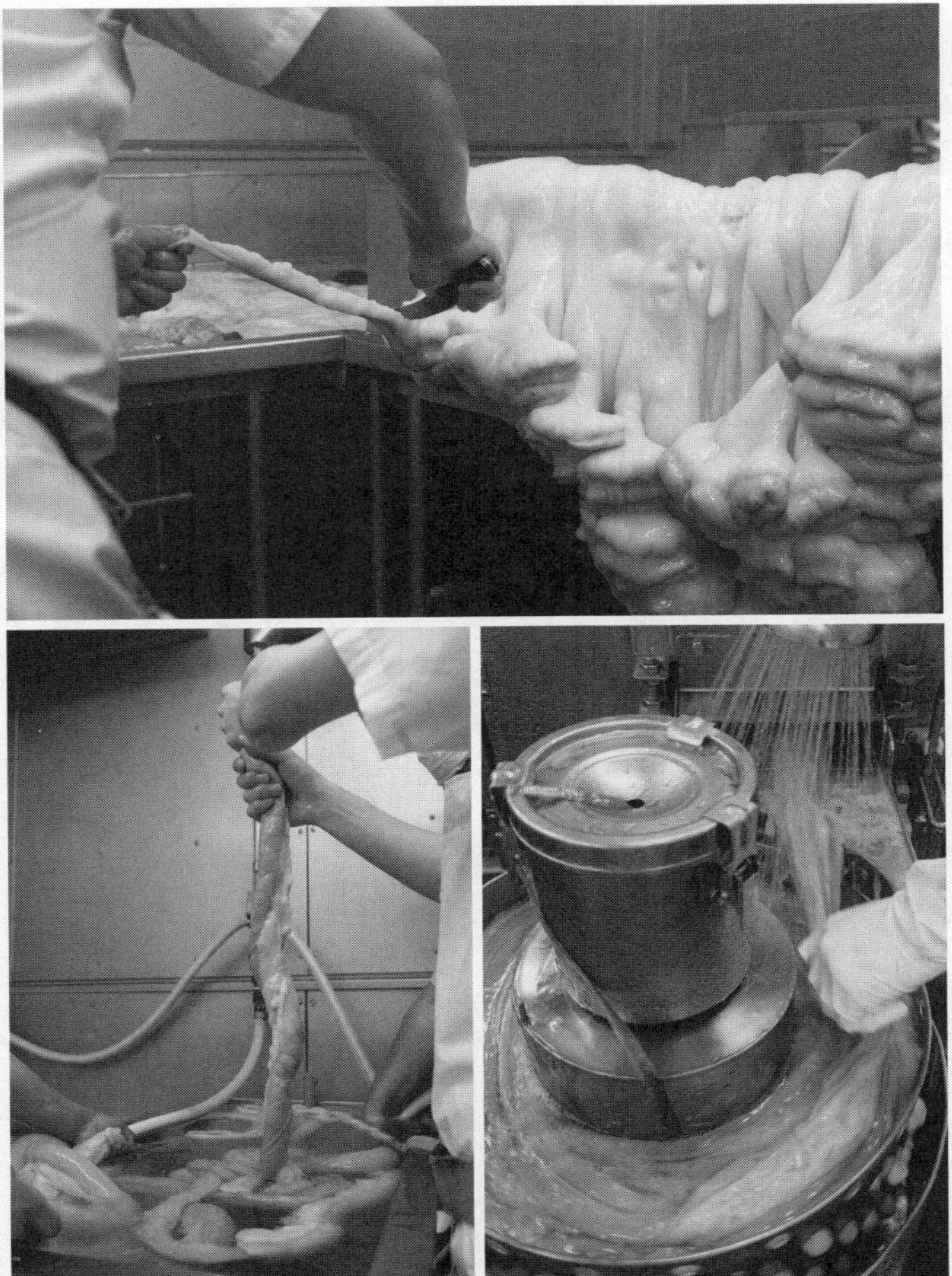

ナイフを巧みに操って腸を切り落とし（上）、大腸は表裏を反転させ、内部を外側に出して洗浄する（下左）。小腸は専用の切開機にかけたあと、洗浄しながら円状に巻き取る（下右）

削ぐ。

小腸　専用の切開機にかけ、数段階に調整して脂を取る。マルチョウは手作業で脂を削ぐ。

かたわらに当日の注文票が掲示してあり、その内容によって脂の量が四段階に決まる。脂多め。従来の脂つき。薄脂。脂まったくなし。

洗浄して開いた大腸をぺたんと台に平置きし、ナイフを横に滑らせるように動かしながら、注文に従って巧みに脂を落とす。つるつる、ぬめぬめ、正体のない厚手の布のような大腸の表面に穴を開けたり傷つけると商品価値が下がってしまうから、プロ集団が腕一本で黙々と仕事を進める。

内臓処理の作業場にも、世間の嗜好の変化はダイレクトにはね返っている。肉にサシを入れて肥育する和牛は、そもそも内臓に脂肪がたっぷりつく。そのまま流通させるだけでは、「食べてうまい内臓」にはならない。昔は脂をつけ過ぎると〝技術がない〟と苦情が出たものだが、ここ数年、脂の濃厚な甘さをもとめる傾向が強くなっているという。内臓の場合もおなじで、小腸の場合は、専用の機械を通すことによって、脂肪の厚さをミリ単位で調整する。いまやポピュラーになったマルチョウにしても、小腸を一本ずつ、手作業で加工する工程が生まれた。その方法は一瞬の手品のようだ。筒状の小腸の端の表裏をくるりと反転させ、本来は外側についている脂肪をウエストのゴム通しのように内側にそっくりたくしこむ。試しに数本やらせてもらうと、持ち上げたそばから小腸が鰻みたいにつるりと逃げてしまうのでおろおろし、たちまち遅れをとる。一人前になるには、それ相当の特訓を積むほかない。

成形された内臓はコンテナに詰めて冷却し、水切り、洗浄殺菌したのち、一頭ぶんごとに容器にセットされて出荷を待つ。すべての部位はそれぞれ番号付きの個体管理容器にセットされ、必要であればすみやかに個体までたどれる仕組みが確立されている。部位の細分化もいっそう進んでおり、新しい呼び名が増えたぶん、求められる作業は煩雑になっている。

センマイは表皮つきの黒センマイ、表皮を取り除いた白センマイ、二種類にわける。センマイとギアラの結合部分の芯は、牛サザエと呼ばれて稀少価値がついている。ハチノスとセンマイの結合部分ヤンを、その食感のよさから牛アワビと呼ぶこともある。

筒状にした小腸は、輪切りにしてマルチョウと呼ぶ。

大腸のうち、とくに柔らかく、濃い脂が縞状に入った部位をシマチョウと呼ぶ。

気管はウルテ、食道はノドスジ。

「一般の方が『何だろう?』と気を引かれるネーミングや処理の仕方によって、これまで埋もれていたものが新しい味として生まれる可能性はこれからもおおいにあると思います」

以前、中国料理の料理人の経験があるという大動物部・林昇宏さんは、長年アキレス腱を専門に扱っていたが、この春から白物を扱うポジションに就き、目下〝修業中〟だ。

「牛サザエや牛アワビ、こういう稀少でおもしろい食材があるということ自体、料理人でも知りません。これから積極的に売り込んでゆく価値がある部位だと思います」

豚のトントロの例も記憶にあたらしい。それまで豚の喉周辺の肉は、とくに注目されてもいなかったが、誰がつけたのか、トントロという名前がついて売られるようになった。すると、トロの響きともあいまって定着していき、いまでは、デパートの精肉売り場でも商品表示の札にトントロの名前を当たりまえのように見かける。

豚の副産物については、日本畜産副産物協会では次のように表示、分類されている。

カシラニク（頭肉）、ミミ（豚耳）、タン（舌）、ハツ（心臓）、レバー（肝臓）、ハラミ（横隔膜）、マメ（腎臓）、フワ（肺臓）、ガツ（胃）、ショウチョウ（小腸）、モウチョウ（盲腸）、ダイチョウ（大腸）、チョクチョウ・テッポウ（直腸）、チレ（脾臓）、アミアブラ（腎臓・胃腸周辺の脂肪）、スイゾウ（膵臓）、ノドナンコツ（気管）、ショクドウ・ノドスジ（食道）、ブレンズ（脳）、チチカブ（乳房）、テール（尾）、トンソク（足）

副産物を取り扱う場合、統一部位名の適正表示が義務づけられているが、牛サザエや牛アワビ、あるいはトントロのように、今後あらたな呼び名が生まれて普及する可能性もおおいにあるだろう。

「若い世代がこれから四十年、五十年、内臓を扱う業界でやっていくためには、新しい時代の流れに乗っていかないと取り残されてしまうのでは、という思いがあります」

三十代の奥野さんが抱く危惧は、逆に考えれば、内臓という素材がもたらす仕事の将来性を示してもいる。

はるかに想像を超える細やかな仕事の数々を見ながら、思った。内臓という存在は、ゼロから商品価値を生みだし、経済活動を開拓する「可能性の宝庫」だ。「放るもん」と考えれば、ただ捨てるだけのものになってしまうが、丁寧に扱えば、あらたな価値が浮上する。その原動力になっているのは、〝食べておいしいもの、役立つもの〟を自分たちが創りだしている〟という芝浦で働くひとびとの自負である。ただ売って利益だけ得るのではなく、鮮度が高く安全性の高い国産の副生物に自分たちの技術をほどこし、質のいい食べものとして流通させるところに東京芝浦臓器の矜持がある。たとえば、ハラミ。ハラミを氷水に直接浸してしまうと、目方が増えるから高く売れ、しかも冷やすことによって脂が白く固まるからサシが入って一見おいしそうに映る。しかし、食べるときになってみると水っぽい。そこまで理解したうえでいったんビニールに保管して氷詰めし、目先の利幅より味のよさを優先するのが東京芝浦臓器のやり方だ。

東京食肉市場での副生物の生産量は、牛約八万六千頭分（約三千五百トン）、豚約十九万五千頭分（約千五百トン）（いずれも二〇一九年）。このとてつもない重量のなかに、内臓を扱う仕事の醍醐味と可能性が詰まっている。

若い世代に向けて、大森さんが言う。

「営業力をつけて外と繋がると、仕事のおもしろみが生まれます。競争しなければならないからストレスが生じるかもしれないけれど、仕事としてとらえればむしろ達成感がある」

芝浦で激動の時代を生き抜いてきた大森さんならではの言葉だ。ここ数年、内臓にまつわる食文化の奥ゆきにおいて、どうしても遅れをとってきた大阪との格差もずいぶん縮まったという感触があるという。

大森さんの口ぐせはこれだ。

「日本一の内臓処理の現場を目指す」

この日は通常よりと畜数が少なく、百十六頭の牛の副生物を扱った(一日の平均と畜数約三百八十頭)。午後二時過ぎにはすべての出荷の準備が整い、摂氏一度の冷蔵庫に整然と並んで出荷を待つ。


渋谷・宇田川町「ゆうじ」。

うまい肉とホルモンを食べるならここ、と真っ先に名前が挙がる店である。創業以来三十年余、平日夜七時の開店と同時に満席になる人気ぶり。昭和の風情たっぷりのデコラ貼りのテーブルと丸椅子。手渡されたビニール袋にバッグを収納すると、焼き肉ダマシイにぼっと火がつく。

今夜の連れは、「子どもの頃から家での焼き肉にはハラミやホルモン（小腸）が欠かせなかったんです。もつ鍋も大好物です」と言う宮崎出身のアイさんと、「内臓料理にはあまりなじみがなかったけれど、興味しんしん」と言う東京育ちのナナエさん。そして、私。三世代の女子が集った。

店内に充満する炭火の煙を嗅ぐと、アイさんは毎週末、家の庭で焼き肉を囲んだ記憶が戻ってきてたまらなくなるんです、と遠い目になる。まだ食べないうちから「幸せだねー、幸せだねー」と何度もつぶやくのは、内臓を焼いて味わううれしさが心身に染み込んでいるからなのだろう。まず、温かい煮込み、次のハツ刺しとハラミ刺しのぴっかぴかの二種盛り合わせが運ばれてくると、目を輝やかせて言う。

「おとなになってから、ホルモンを注文したとき脂がついていないと、私がっかりしちゃうんです。ホルモンと呼んでいたのは、あとで考えるとシマチョウ（牛の大腸）やコプチャン（牛の小腸）なんですが、子どもの頃、ホルモンを口に入れると、ふわーっ、じゅわーっとなるのがうれしくて、名残惜しくていつまでも嚙んでいた。いまでもそうです。いつまでも嚙んでいたくて、飲み込むタイミングを計るのも大人の愉しみです」

彼女の言葉は恍惚感をまとう。

「じゅわーっと甘い脂が広がると、なぜか抱きしめられる感覚を味わいます。マシュマロとかシフォンケーキに似た優しい幸福感です」

耳をくすぐられた。内臓を焼いていると次々いくらでも食べられるのは、食感が変化に富んでいるからだけではない。負担がない、飽きない、無用に迫ってこない。えもいわれぬ「抱きしめられる感覚」。ここに秘密を解く鍵がある気がした。

「待ち遠しいね、コプチャン」

アイさんがいつまでも噛んでいたかったホルモンの甘い脂は、記憶の深いところでショートケーキやキャンデーにも繋がっている気がした。

この夜、「ゆうじ」店主、樋口裕師さんにお願いしたホルモン三昧のすべて。

もつ煮込み

ハツ芯刺し、ハラミ刺し、センマイ刺し

ハツのステーキ　クレソン、マッシュポテト添え

レバー焼き　にら添え

ハラミ焼き　大根おろし

ホルモン十種盛り合わせ（タン、ハツアブラ、スイゾウ、ハツモト、大腸、ミノサンド、ガツシン、ギアラ、テッポウ、ヤン）

波乗りになったような気分だった。展開に富み、めりはりの効いた流れ。ハツ芯刺し

はくいっと歯ごたえが楽しく、嚙むと甘みが広がる。こまかく包丁を入れてあるセンマイ刺しはぷりぷり、こりこり、白ごまとポン酢の風味がよく合う。ハツ上部のかたまりを直火で焼いたステーキは、嚙めば嚙むほど濃厚な味が吹きでてくる。ハツにこれほどのうまみがあるとは、遅まきながら未知の鉱脈を掘り当てた喜びに沸く。レバー焼きにはにら、ハラミ焼きには大根おろしを合わせて引き立てるところも、うまい内臓をさらにうまい一品に仕上げる「ゆうじ」の面目躍如。さっと焼いた厚切りのハラミは歯のあいだでさくさくと音が鳴り、ふんわりと甘みが広がるのを追いかけて、ハラミ独特のうっすらと蠱惑《こわく》的な苦みが顔をのぞかせる。

締めくくりに、内臓十種類がひとり一切れずつ、大皿に盛り合わせて登場した。タン、ハツアブラ、スイゾウ、ハツモト、大腸、ミノサンド、ガツシン、ギアラ、テッポウ、ヤン、整然と並んだ光景がまばゆい。芝浦での仕事をつぶさに見ていたからだろう、内臓ひとつひとつに施されたナイフ仕事を思わずにはいられない。ほかほかと湯気を上げる内臓を自分の手で磨いてゆくプロの仕事が、「ゆうじ」にもつながっている。

「網のうえで何度も返したくない。一回で決めたい」とナナエさんは集中している。

「こうなったら勝負ですね。集中力を強いられる」

目の色が変わっていた。

ヤンを頰張ったとき、ナナエさんがつぶやいた言葉。

「これ、内臓なんでしょうか……なまことアワビが混じったみたいなおいしさです」

初めて食べるお客が喝破した。

アイさんが肩で息をしながらつぶやいた言葉に、痺れた。

「食べていると、どんどん欲深くなってきます。ホルモンはなんだかエロいです。お店も、食べてる人もみんなひとつの共同体なんですねえ」

べつの日、午後三時に「ゆうじ」を訪ねた。ちょうど、長年取り引きのある芝浦のWから注文した内臓のあれこれが届いたところである。樋口さんが、大腸のぬめりを落とすために小麦粉をふりかけて揉み始める。以前は塩で揉んでいたのだが、小麦粉の粘りのほうがぬめりや汚れを完璧に落とせることを発見したんです、と教えてくれた。鮮度と品質、両方が揃った内臓を毎日仕入れ、自分の目で確認しながら、さらに下ごしらえをする目配りと手間ひまのかけよう。「ゆうじ」の評判の理由を垣間見たと思った。

樋口さんにとって、質のよしあしの基準はあくまでも自分のなかにある。

「おいしいという以前に、大事なのは安全です。質のいい素材を仕入れたうえで、うちで徹底的に掃除して、不自然なものがないかどうか、自分の眼で確認することを怠ってはだめです。昔は、内臓というと、にんにくや唐辛子や味噌などを使う濃い味つけで押さえつけた精力料理のイメージがありました。でも、それは違う。僕は、材料をきちんと選んで、自分が素材の持ち味をいかに引き出せるか、それをいつも考えてきました。

素直でシンプルな、わかりやすい味。どの内臓も、すべて塩だけでもお出しできるというのが、うちのプライドです」

天下の「ゆうじ」は、しかし、最初から「素直でシンプルな味」に行き着いたわけではなかった。

父母が営んでいた五・五坪の和食店を焼き肉店として引き継いだが、試行錯誤しながら和食やフランス料理の手法を取り入れた料理を十年間だしていた。暗中模索を続ける樋口さんの定まらなさに業を煮やし、「おまえ、焼き肉屋なのにいったい何やってんだ」。身内から厳しい指摘が相次ぐようになった。

その時代を踏まえたうえでの原点回帰である。

「毎日おなじことを繰り返しながら内臓に携わっていると、微細な差が見えてくるんですよ。ちょっとの差をどんどん詰めていくことがおもしろい。内臓という食材はきわめて嗜好性が高いと思いますが、〝狭さの追求〟に応えてくれる存在でもあるんですよね」

食べる側に立ってみても、特別なのだと言う。マニアックな探究心にも応えてくれるのが、内臓を食材として捉えるときのおもしろみだ。

樋口さんが自負を語る。

「俺ほど焼き肉を食べてきた人間はいないと思います。その俺が、肉より内臓のほうがはるかに魅力があると思うんですから。肉はいつか飽きるけど、内臓はね、いつまでも食べ飽きない」

内臓が、なぜ飽きないのか。その秘密のひとつは、内臓がふくむ栄養素にもあるのではないか。内臓のたんぱく質はアミノ酸を多く含み、精肉よりビタミンや鉄分、カルシウムなどが豊富なものも多い。必須アミノ酸をふくむ機能性食品と考えれば、身体がおのずともとめる理由にも合点がゆく。

焼肉と内臓のプロの金言をふたつ、胸に置きとどめたい。

「弱火でじわじわ焼いて完成度を上げるより、一気に詰めて焼く。だって、いいことないじゃないですか。内臓ってもともと保持している水分があるんです。それが抜ければ抜けるほどまずくなる。必要な熱だけ与えれば、それでいい」

「がんっと網に乗っけて、取り合いになって貪るように食う。これですよ、肉だろうが内臓だろうが、これが焼き肉の醍醐味なんですよ」

東京・千駄木にユニークな料理店がある。内臓料理を専門にだす「一富士」。初めて足を運んだとき、内臓だけを扱いながら、緩急のある小皿の連打に驚かされたものだ。丁寧な下ごしらえ、ツボを心得た創意工夫。ミノとかつおの酒盗を合わせるアイディアに膝を叩いたり、アキレス腱のポン酢風味の小鉢を味わいながらふぐの皮を思いだしたり、テールだしのコンソメを飲むと唇がぺたっとくっつくのでコラーゲンの威力に感嘆したり、いちいち楽しい。途中で出された万願寺唐辛子を焼いたのも、内臓にみえてくる始末。テールでとったスープで炊く釜飯は、飯ひとつぶひとつぶにテールのうまみが染み、艶つやに光っている……内臓料理をほとんど食べず、食べものに関して保守派を自任する連れの男性が楽しそうにぺろりと平らげ、照れながら言った。

「自分の思い込みだけで内臓を敬遠してきたのが、ちょっと恥ずかしくなった」

なによりの褒め言葉だと思った。

ある日のコース料理。

アキレス腱　ポン酢風味

ハツモトとテールの中華和え

牛テールのコンソメスープ

ミノと青海苔　蒸し焼き

焙りハチノス　新生姜と大葉和え

白センマイ、うど、きゅうりの酢の物

ギアラ串焼き

万願寺唐辛子焼き

テールだしの根野菜汁　味噌風味

ハツ刺し

焙りレバー
スプラウトのサラダ
テール焼き
トマト
ハツ、ハラミ焼き
全品コース仕立て八千五百円、おなかいっぱい。
店主の小林宏さんは、居酒屋やもつ懐石の店で働きながら、しだいに内臓料理のおもしろさに惹かれ、独自の料理を開拓していった。内臓には、もっと料理の可能性があるのではないかと考えてのことだ。
ただし、内臓の料理は手がかかる。すべての料理は下ごしらえの段階から始まっているとわかっていても、「一富士」での懇切丁寧な下ごしらえをつぶさに見ると、この段階そのものが料理の生命線だとわかってくる。ただし、小林さんは「手をかけ過ぎると内臓は味が抜けてしまうので、そこは注意が必要です」。
毎日午後三時、新鮮な内臓が芝浦の卸先から届くのを待ちかねる。時計の針をしきりに気にするのは、下ごしらえから開店までの三時間のあいだに、届いた内臓すべての下ごしらえをすませておかなければならないから。荷が届くとすぐさま開け、一種類ずつ確認したあと、ただちに掃除、切り分け、冷蔵保存に入る。ひとつの部位ごとにまな板を消毒して清潔を心がけているので、八年間使い続けているまな板には汚れひとつない。この日仕入れたレバーは三キロ。流水にさらして血抜きし、短冊に切り分ける。レバーは包丁を入れてみないと筋の入り方がわからないから、個体に応じた切り方をほどこす必要がある。ハツ二・五キロは、まずタオルでくるんで血抜き。用途に応じて切り分け、歯ごたえのいい右心室は焼きものに使うと決めてある。ハツは右心室と左心室に分けるのだが、右心室は脂が多め、左心室は鉄分の多い風味だという。ハラミ一・八キロは、包丁で筋を取りながら掃除するのだが、とにかく無駄にしない。ハラミから除いた筋は、寸胴鍋で煮込むスープにくわえてコラーゲンのこくを深める。テールスープは三時間かけて煮込んだもの。野菜を焼くときは、バターのかわりにテールスープの脂をすくって少しかけ、風味づけに使う……ここまで細密に生かされれば内臓も本望だろう。

内臓の扱いは、丁寧であること、臨機応変に判断することです、と小林さん。

「おなじ部位でも、毎日内臓に触っていれば日によって個体差があることがわかります。包丁を当てて切らなければわからないときもあれば、焼いて初めて香りがわかることもある。自分の料理を思い描きながら、臨機応変に火加減や料理の仕方を変えています」

芝浦で内臓処理の仕事に携わっている方々が、「ゆうじ」の焼き肉や「一富士」の料理に出会ったら、なんと言うだろう。惜しみなくタマシイを注ぎこんで熱量のこもった料理に生まれ変わらせる自分たちの手技を誇らしく思うに違いない。

ざっぱーんと激しい飛沫を上げてシューターから現れる、肉から切り離されたばかりの巨大な胃袋や腸のなまなましい光景が網膜に焼きついている。寸分の狂いなくナイフを走らせる手、真剣なまなざし。息の詰まる緊張感が生きものが食べものに変わる転換点をつくり出す。

内臓を味わう。それは、動物の命の中枢に触れることを意味する。食べていると「抱きしめられる感覚を味わう」とつぶやいたアイさんの言葉が、しだいに大きなものとして迫ってきた。

8章　馬——熊本　馬肉文化を守り抜く

強烈な記憶がある。

肉しか出ない料理屋に四人が集まった夜のことだ。その日は、まず馬刺しで始まったから意表を突かれた。これまで何度か来たことがあったけれど、いつも牛肉か豚肉だったから、今日はどっちかなと思いながらテーブルについたら、いきなり馬刺し。奇襲攻撃に驚かされながら、あっというまに籠絡《ろうらく》された。馬刺しは、最初はひやっとして、舌にぺたりと貼りつく。それを嚙みしだくうち、肉の繊維のあいだから甘苦いうまみが放たれ、自分の舌と肉が混じり合う不思議な感覚がやってくる。作家、丸谷才一は「牛肉と鶏肉のあいだのようでもあるし、中トロと鰹と烏賊という三種の刺身(ただしいずれも最上のもの)のちょうど中間のような気もする」と書いていた。

馬刺しのあと、赤身肉のロースト、ハラミのロースト。わずかに火を通したベリーレアの焼き具合で、分厚い肉にナイフを入れると鮮烈なルビー色が目を射た。しっとりと緻密な肉を嚙むと、ぎゅうぎゅうに甘さが詰まっており、さらに嚙みしだくと、なりを潜めていた渋みが華やかに咲く。ああこれが馬肉の魔味だなあと思い、いっそう痺れながら赤ワインのグラスを重ねた。ワインはイタリアのバローロだった。

その先があった。たらふく馬肉を平らげた私は、とつぜん床を蹴って宙を駆け回りたい衝動に駆られた。自分の意思とは関係なく、とにかく駆けだしたい。上へ、上へ駆け昇ってみたくてたまらない。しばらく我慢したのだが、座っていられず、熱に浮かされて席を立って、外のベランダにふらふらと迷い出た。火照《ほて》った頰に夜の冷気が気持ちいい。とにかく熱を冷まさなくちゃ。なかば夢見心地で床にぺったり這いつくばって目を閉じると、馬の背中にまたがって疾走しているような、自分が天馬になったような、夢遊の心地に没入した。どのくらい時間が経ったのだろう、はっと目が覚めた。心配になって探しに来たひとが、這いつくばって寝ている私を見つけて「ぎゃっ」と叫ぶ声が聞こえた。

ときおり馬肉が無性に食べたくなるのは、ほかの肉では体験しない身体感覚を覚えるからなのだろう。冬場に馬鍋を食べると、帰りの電車のなかで背中がポッポと火照るのもうれしい。

私が馬肉のおいしさを知ったのは、まず馬刺しによってだった。とりわけ、熊本で味わった馬刺しのインパクトには驚かされた。熊本は日本一の馬肉生産県（二位・福島県、三位・青森県、四位・福岡県、五位・山梨県／平成二十七年度　農林水産省調べ）だと知っ

ってしまったからあと戻りはできない。口に入れると脂肪がさーっと溶け、さっぱりとしていくらでも食べられる。まっ白なサシが入っているのにしつこさを感じさせないのは、馬肉は脂肪の融点が低いからだ。ミラノで馬肉のタルタルステーキを食べたときは、赤身のミンチに刻んだエシャロットやケイパー、卵黄が混ぜてあったが、フォークにのせて口に運ぶと林の木立を駆け抜ける風が吹いた。いっぽう、熊本の馬肉はうまみとこくが際立つ。

熊本育ちの友人のお国自慢は馬肉だ。

「正月やお祝いごとに馬刺しを奮発して贅沢をします。熊本では、お礼やお返しの品に馬肉をやりとりしたりもするんですよ。家族が風邪をひいたり病気をしたときも、母が馬肉を買ってきてくれました」

暮らしの一部に、大切な文化として馬肉が溶け込んでいる。

日本で馬肉の食文化を持つ土地は、青森、福島、長野、熊本あたり。ことに東北から中部にかけては農耕と馬との結びつきが深く、しだいに馬肉の味を覚えていったようだ。馬を売買する家畜商「馬喰《ばくろう》」が活躍したのも、これらの土地である。熊本で馬肉が食べられるようになったのは、肥後熊本初代藩主、加藤清正が朝鮮出兵のさい、兵糧補強のために軍馬の食用を奨励したことに端を発するといわれる。そもそも日本では表向きに肉食が禁じられてきたが、「薬食い」と称して肉食が続けられてきた。馬肉を「桜肉」「ケトバシ」、猪肉を「牡丹」「山くじら」、鹿肉を「もみじ」と隠語で呼んだり、うさぎを「一羽、二羽」と数えるのは、仏教の殺生戒によって獣肉をおおっぴらに食べることができなかった時代の、庶民の知恵や反抗のしるしである。一六四三年に著された書物『料理物語』には、鹿肉は貝焼きやいり焼き、たぬきは汁やでんがく、うさぎは汁やいり焼き、カワウソや熊、犬は吸い物にして食べる記述が見つかるのだが、馬は登場しない。馬は農耕や運輸に貢献する貴重な労働力であり、しかも一年に一頭しか仔馬を産まないのだからとにかく大切な存在で食べる対象にはならなかった。加藤清正公は、そこへ果敢に踏み込んだのである。

以来四百年、馬刺し、肉めし、馬串、桜納豆、レバ刺し、ホルモン煮込み……熊本の街を歩けば馬に当たる。デパートの食料品売り場には馬肉コーナーがあるし、町中に馬肉専門の精肉店もあれば、居酒屋には馬肉料理がたくさん並ぶ。低カロリー、高たんぱく、鉄分や亜鉛など豊富なミネラル分を含み、リノール酸やオレイン酸などの不飽和脂肪酸も豊か、牛肉や豚肉に較べてグリコーゲンやアミノ酸の含有量がずば抜けて多いから、味覚に訴える力が強い。熊本の食文化に、馬肉はがっちりと根を下ろしている。

ひさしぶりに熊本を訪ねたのは、二〇一六年四月十四日に起こった二度にわたる熊本地震の翌年である。二月、市内に入ってすぐ熊本城に駆けつけると、あっと息を飲んだまま声がでなかった。これがあの勇壮な熊本城だろうか。堂々と連なっていた塀や石垣があちこちで決壊し、満身創痍。天守閣は屋根瓦がぼろぼろと剝がれ落ち、しゃちほこも失われている。櫓《やぐら》を見上げると、いまにも落下するのではないかと気が気ではない。熊本の誇りが痛ましい姿をさらしている光景がつらく、地元の人々の心中を案じずにはいられなかった。

地震の爪痕は、県下のあちこちに残されていた。車で走ると、屋根が損傷してブルーシートを被ったままの家屋、壁が崩れて休業中の店舗が目に飛び込んできて、被害の大きさが伝わってくる。最大震度7を記録した益城《ましき》に近づくと、地層がずれて段差ができた痕がそのまま道路に残されており、復興のまっただなかで喘ぐ息がじかに伝わってきた。

熊本を代表する馬肉の一大メーカー「千興《せんこう》ファーム」も甚大な地震被害を被っていた。寛政元年（一七八九）、馬刺し専門の精肉店「菅乃屋《すがのや》」として創業、そののち、生産・と畜、馬肉の直売や飲食店、馬油を使った基礎化粧品の製造販売も手掛ける部門を併せもつグループ企業として、全国の馬関連の業界を牽引する。と畜から最終加工・製造まで生食用の肉の一貫生産ラインをもち、「安全で高品質な食品」を保証する国際規格SQFの認証を取得しているのも世界初だ。その馬肉の品質のよさは、料理人のあいだでも高い評価を受けている。

上益城郡にある「千興ファーム」を訪ねた。門を入って社屋を見上げると、建物はブルーシートを被っており、現在も修復中。シートの脇から壊れたままのガラス窓が見え隠れしている。地盤沈下によって建物全体が沈み、あちこちの壁面には黒い亀裂が走る。危険を避けるために設置された事務所は急ごしらえのプレハブ小屋だ。最大震度をもろに受け、地震後は約一ヶ月間、操業が完全停止。自社内でおこなう馬のと畜は、県内に一ヶ所だけある同業他社の施設を間借りしてどうにかしのいできたが、本来の生産ラインは、私が訪ねたときもまだ完全に復旧していない。一部報道によれば、操業停止による損失額は約五億、施設を含めたグループ全体の被害総額はその五、六倍に達したという。

敷地のなかに、馬を肥育する牧舎がある。「千興ファーム」が県下三ヶ所の牧場で飼養する馬は千頭以上、そのごく一部だ。近づいたとき、とっさに「でかい!」。八百キロから一トン近いノルマン種の重種馬《じゆうしゆば》(サラブレッドは約五百キロの軽種馬。福島県の会津地方などで生産されるのも軽種馬である)は、ぶるんぶるんと頭を振るたび、あたりの空気を揺らす迫力がある。栗色、灰色、白色、褐色さまざまだが、毛並みは艶々。筋肉はがっちりと発達してたのもしい。手を伸ばして鼻先をなでると、すりすりと寄ってくる。

一枚の木板が、事務所の一角に掲げられていた。数行の言葉が刻まれている。

「馬に生かされて
　お客様に育てられ
　ここまで来ました
　未来永劫馬を愛し感謝し続けます
　お客様の笑顔のために」

「馬に生かされて」。肥育からと畜、加工をすべて担う会社ならではの重い言葉だ。

扱う馬のうち、カナダから仕入れる一～三歳の若い馬が七割、北海道から購入する馬が二割、残り一割は自社の牧場で育てる。つまり、【国外から輸入、国内で肥育】するスタイルで、JAS法に基づく産地表示に従い、飼養・肥育によって「国産」「カナダ産」「フランス産」と明記し分ける。買い付けるのは、同じノルマン種のなかでもベルギー原産のベルジャン、フランス原産のブルトン、ペルシュロンの三種を掛け合わせた、肉質が柔らかくサシが入る重種馬。カナダの牧場に直接足を運んで一頭ずつ確認しながら買い付け、チャーターした貨物機で一度に約九十頭を空輸、熊本県内の牧舎で半年から二年かけて肥育する（JAS法により、県外から来て熊本県で四ヶ月以上肥育した馬の馬刺しは「熊本馬刺し」、熊本で出生して育ったのち出荷される馬刺しは「熊本県産馬刺し」と表示される）。

だったのだろう。

馬は極めてデリケートな動物だと聞くけれど、激しく揺れた地震のなかでどんな様子

「馬は環境の変化に敏感な生きものなので、ふだんでも車が横を通っただけで過剰に反応するんです。それが震度7の大きな揺れや音が発生して、ストレスは計り知れないものがあったと思います。地震が起こってすぐ見に行くと、不安だったのでしょう、馬たちが舎内をぐるぐる輪になって回っていました」

千興ファーム代表取締役、菅浩光《すがひろみつ》さんが言う。

「地震のあと、一頭あたり平均五十キロも体重が落ちました。カナダから空輸するときは、検疫まで含めた二週間のうちに八、九百キロの馬が百キロ近く痩せてしまいます。それを考えると、地震が相当のストレスを与えたことがわかります」

体温が高く、新陳代謝が優れている馬にとって、水の供給は生命線を握る。ところが、すべて馬の飲み水は井戸水で賄っている牧場で、停電のため給水ポンプが停止。地盤が崩れて給水ラインが破損した場所もあり、地面を掘り起こして修復をほどこすなど社員が一丸となって急場を凌いだ。飼料の与え方にしても、被災後三ヶ月、馬の出荷停止を余儀なくされたあいだ、粗飼料（牧草）を増やして配合飼料を減らし、肥育の負担が生じないよう馬の健康維持に努めたという。

従来の配合飼料は大麦、大豆粕、トウモロコシ、アルファルファ、フスマなど、近隣

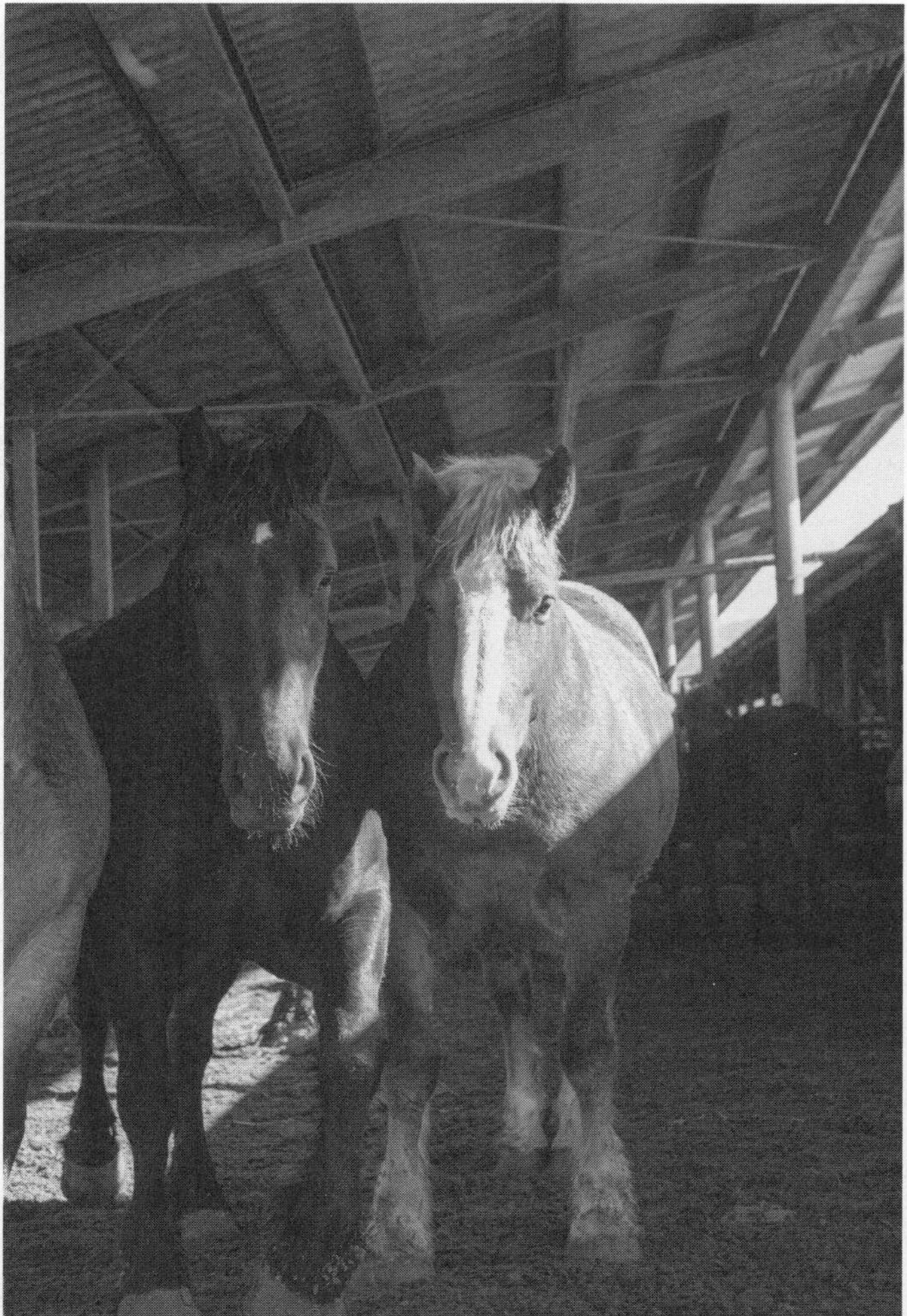

のビール工場から新鮮なビール粕も仕入れ、飼料に生かす。

「命の大事さというのは、常日頃から心のなかにあります。食べもの品として人の口に入るものですから、そこにどんなにお金がかかっても、ちゃんとケアして健康な状態にして大切に育てていこうというのがこの会社の考えであり、最大の特徴でもあります」

「千興ファーム」が生育からと畜まで自社で一貫して行うのは、質のいい馬肉に仕上げるための速度と技術を重視するからだ。牛や豚の場合、と畜場から出荷されるまで枝肉の状態で一日寝かせてから熟成させるが、いっぽう馬は体温が高く、肉にふくまれる水分量が多いため、出荷までのスピードが品質を左右する。一頭にかけると畜の時間は約五十分。全二時間のうちに精肉や内臓に分け、出荷の準備を整える。「千興ファーム」で育てた馬は肉質がいい、信頼できるという評判が熊本の馬肉のイメージを高めるうえで一役買っているというのは、衆目の一致するところ。震災のあと、と畜が停止して馬肉の流通が滞ったときも、被災を免れた冷凍庫から馬肉を小出しにして供給することによって、値段が高騰したり、極端な品薄になるのを避ける配慮も怠らなかった。「先代の時代には、小さな商店との繫がりを大事にしながらこぢんまりやってきた」(菅社長)けれど、現在の馬肉をめぐる市場状況において「千興ファーム」はひとつの指標を示す役割を担っている。

ふんだんに盛り込まれた馬刺しには祝祭感が漂う。

ロース刺し
特選馬刺し
コウネ（タテガミの根元）刺し
霜降り馬刺し
フタエゴ（あばらの外側の肉）刺し
上馬刺し
ハツ（心臓）刺し
焙った赤身のたたき

千興ファーム直送、熊本市内「菅乃屋」の馬刺しのひと皿である。八種を盛り合わせた贅沢な一皿、三千四百五十円。気がつくと、もう自分の手が箸を握っている。

まず、地元の甘い醤油を少しつけてロース刺し。しっとり柔らかく、舌に密着したあとふわっと消える口溶けのよさに動揺が走る。霜降りの馬刺し。牛でいえばサンカクバラと呼ばれる稀少部位で、純白の網目模様のサシに目を奪われる。数度嚙むと、ふわっと脂が消えて濃いうまみが居残るツンデレのおいしさ。熊本の友人が、「霜降りを買うのは、家族の誕生日とかお祝いごとがある日で、帰省したとき、親が奮発して買っておいてくれたりするから思い入れが強い」と話していたのを思い出す。馬肉には、牛肉とはまた違うおもしろみもあるらしい。テンマルと呼ばれるシンタマの部位は、牛は硬いけれど、いっぽう馬は柔らかい。トモサンカク、マルシン、カメノコなどは、牛は柔らかい部位だけれど、馬は硬い……馬には馬の持ち味がある。

店のひとから「早めに召し上がってください」と促される。馬肉は融点が低いから、うかうかしていると脂が溶けてしまう。あわてて特選馬刺しに箸を伸ばすと、肌理《きめ》細かな絹ごしの風味に甘い醤油がとろんと絡んだ。九州の甘い醤油は苦手なはずなのに、馬肉にはこの醤油でなければと思うのはなぜだろう。つぎはフタエゴ。肩からアバラにかけての部位で、こりっこりっと強い弾力を返してきて、じわじわと味が追いかけてくる。タテガミの根元のコウネは、純白のコラーゲンの塊。初めて皿の上の白いコウネを目の当たりにしたときは、ここまで馬を食べ尽くすのか、と馬肉の世界の奥行きに畏敬の念を覚えたものだが、畏れにも似た気持ちは何年経っても薄れない。白いコウネと赤い上馬刺しを重ねた紅白の断片は、丸谷才一に倣えば、鹿と猪と鯨をあわせたかのよう。コラーゲンをふくむゼラチン質が蕩《とろ》け、赤身を包み込む。浮かんだ言葉は「上品」だった。

レバーの皿が運ばれてきた。

「新鮮なレバー刺しが食べられるのは熊本だけです。ごま油に馬刺し用の甘い醤油と塩を入れて召し上がってみてください」

馬体重一トンともなると、レバーだけで五、六キロはあるという。鮮度抜群のぷりぷり、しかも、味わうべきは血管の多い中心部ではなく、むしろ薄い端の部分だと教わった。きらきらと光沢を放っている厚い一片にごま油をまぶすと、とぅるんと唇の間に滑りこむレバーが信じられないほど甘い。生レバーを食べるなんていったい何年ぶりだろう。

平成二十四年七月、牛の生レバーが全面禁止になり、その三年後、豚肉と豚の生レバーも禁止された。いっぽう、熊本県下では馬の生肉やレバーが食べられるのだが、ここに熊本ならではの特別な背景がある。熊本が誇るのは、〝生産量全国第一位〟（平成二十七年度　馬のと畜数　全国一万二千四百六十六頭、熊本県五千六百四十二頭）の冠だけではなかった。

話はここからだ。熊本で生食が守られ続けているのには理由がある。馬刺しを愛してきた熊本人の、熊本人による、熊本人のための挑戦。その背景を知ると、生食という文化は、ただ両手を拡げて享受するものではなく、努力して守り抜いてきたものだとわかってくる。

平成二十三年九月。県下で販売された馬刺しによる二件の食中毒が熊本を揺るがした。原因は住肉胞子虫《じゅうにくほうしちゅう》とみられ、同年四月には他県の焼き肉チェーン店で和牛ユッケの集団食中毒事件が起こっていたおり、緊迫感に拍車がかかった。ただし、住肉胞子虫は、いったん冷凍すれば害はない。六月、厚生労働省は全国に冷凍処理の通達を出していたが、法的な強制力を持たないため十分に浸透しなかった。たまたまこの年の夏、熊本に旅をした私は、冷凍処理をしない馬刺しを居酒屋で、誇らしげにこっそり出されたことがある。

その当時、食べる側も料理する側も、自慢の郷土名物、馬刺しに抱く心情は同じだった。

「冷凍なんか食われんたい」

しかし、冷凍処理をしないまま販売された九月の食中毒二件のダメージは、決定的だった。このままでは馬刺しの存続が危ない。地元の経済も大打撃を免れない事態に直面していると判断したあとの動きはすばやかった。翌年二月、熊本県下の馬肉卸・販売会社が「熊本県馬刺し安全・安心推進協議会」を設立、みずから冷凍処理の実施を推し進める。馬肉には〈鮮度＝おいしさ〉のイメージがとにかく強いのだから、〈冷凍〉の二文字は抵抗を招くだろう。しかし、うかうかしていたら馬肉業界全体が揺らいでしまうのだから、なんとしても肉離れは防がなければならない――挑戦というより、それは崖っぷちの危機感によるものだった。

芯温マイナス二十度以下で五十三時間以上、生肉を冷凍する。

この基準は厚生労働省が推奨するガイドライン（マイナス二十度以下で四十八時間以上）より厳しく、自主認証制度が作られた。小売り業者や飲食業者が集まって研修会を開き、瞬間凍結機の導入を進めるなど、安全を担保するための啓発活動もおこない始める。

現在も協議会会長として組織を率いる「千興ファーム」の菅さんは、当時を振り返って苦笑いする。

「〝冷凍なんか、と真っ先に反対すると思っていたのに、千興ファームが先頭に立って冷凍の規制に賛成するとは信じられない〟と、当初は周囲から猛反発を食らいました」

つまり、「生であってこそ馬肉はうまい」という〝常識〟の壁を率先して乗り越えなければならなかったのである。

熊本市内にある馬肉専門の精肉店「菅乃屋」店長、出島栄治さんは、顧客の反応はきわめて厳しいものだったと振り返る。

「七、八割も売り上げが激減して、もう店が潰れると覚悟しました。地元では、とにかく生肉へのこだわりが強いから、お客さんはどうしても『冷凍』という言葉に抵抗があるんです。〝死んだってよかけん、冷凍しちょらん馬刺し買うて来い〟と言われて店に来た奥さんもいたくらいですもん。馬肉に限らず、冷凍肉イコール安い輸入肉というイメージがこれまで強かったことも影響していると思います。私たちにしても、これまでずっと新鮮なぬくい生肉を仕入れていることが自慢だったし、自信を持って販売してきたわけですから」

しかし、頑固一徹の肥後もっこすは「マイナス二十度以下、五十三時間以上の冷凍」の普及を成功に導いた。冷凍設備には最低数百万円はかかるが、平成二十四年、県が補正予算を立てて補助制度を導入、官民一体の態勢を築いてゆく。費用対効果を考えて馬肉の販売を断念した業者もあったようだが、いま考えれば、この試練は食文化と経済を守るための試みだったのだと思う。

地元のひとから聞いた言葉に、ぽんと膝を打った。

「誰もが一番になりたい、周囲を倒してでも一番になりたい。そういう気質が熊本人にはあります」

熊本で馬肉をめぐる食文化が揺らがない理由も、このあたりにある気がする。

熊本県農林水産部生産経営局畜産課、上村佳朗さんの話。

「みなさん一匹狼で、本来あまり集まったりしない方々ですが、それぞれに馬肉の将来に危機感を感じていたと思うんです。自主的に内部監査を実施され、報告や研修会も自分たちでなさっています。もともと法的義務ではありませんが、日本全体で言えば、熊本のようにいったん冷凍する工程が徹底して行われている地域はほかにないと思います」

熊本県健康福祉部健康危機管理課、松本辰哉さんの話。

「低温管理、まな板や包丁の使い分け、馬刺し肉のトリミング、適正な表示などを指導する過程で、やはり冷凍処理が必要なんだという気運がしだいに高まっていきました。一度信頼が落ちると、また信頼を回復するのは大変です。みなさん、熊本の馬刺しを守ろうという意識が強い」

解凍技術も、おのおのが研究して成果を上げてゆく。マグロの冷凍と解凍技術もおおいに参考にした。急速冷凍の取り組みを始めてから五年のあいだに見事な切り替えがなされ、いまではどこで馬刺しを買っても、食べても、生肉との遜色がない。市内の料理店「けんぞう」主人の小島賢三さんは、冷凍とパーシャル冷凍を巧みに使い分けながら解凍を進める。一気に解凍するとドリップがでやすいから、限りなく生肉の状態に近づけるように段階的に温度を上げる解凍方法を工夫したという。地元ではみんな小さいときから馬肉を食べ馴れているのだから、どのみち小手先のごまかしはきかない。「県外から食べに来てくださるお客さまにたいしても責任があります。おいしかったと言って満足して帰っていただきたい」。

小島さんは誇らしげに言う。

「馬刺しは直球勝負の食材なんです」

県下のあちこちで、馬肉を商う精肉店が鎬《しのぎ》を削っている。菊陽町にある「菊陽食肉センター」店長、三十代の牛島勝彦さんは、祖父の代から七十数年、馬肉を扱ってきた。午後になると配達されてくると畜したばかりの生肉を待ちかね、すばやく切り分け、真空パックにして冷凍保存して五十三時間、そののち解凍する。「千興ファーム」から仕入れるのはヒレやロースなどの精肉、レバー、ハツ、タン、大動脈の根元、小腸などの内臓、筋やアキレス腱など十数種類。切り分けられたそれぞれが整然とショーケースに並ぶ光景を見ると、伝わってくるのは「一頭丸ごと無駄にしない」精神だ。

「うちの職人たちがキズをつけないように丁寧に掃除をして仕上げています」

幼い頃から馬肉を食べて育ってきた牛島さんにとって、馬はとても親しい存在だ。

「他県に行くと、馬肉がまったく食べられていない。こんなにいいものが知られていないのは残念だな、もったいないなと思うんですよね。滋養があって、カロリーが低い。アレルギーのある子どもが馬肉なら食べられるから、と地方から注文が入りますし、ブリーダーの方から〝アキレス腱の端材を食べさせたら、弱った犬が強くなった〟と感謝されたこともあります。馬油の機能性も、もっとアピールしていきたい。馬肉を扱っていると、いつのまにか肌の傷が治っているんですよ」

確かに、牛島さんの肌は見惚れるほど艶っつやだ。私は、もう三十年以上、火傷の応急処置は馬油に頼っているのだが、あちちっとあわてたらすぐさま馬油を塗りたくって何度も助けられてきた。馬に足を向けては寝られない。

県北で二代続けて馬肉の販売を手がける「味取《みとり》フーズ」代表取締役、中田勝博さんも馬肉文化を継承するひとりで、少年時代から馬肉料理は身近な存在であり続けた。しばしば食卓に上ったのは馬肉と野菜の炒めもの。毎週土曜日の楽しみは、さばいたあとのクズ肉と玉ねぎを甘辛く炊いた馬肉丼。こんにゃく、ごぼう、ちくわと馬肉をいっしょに炊いた混ぜご飯、すじ煮込みも大好物だ。自宅で家族の口に入るのはときどきだったから、馬刺しは贅沢品でしたと言う。

「牛肉や豚肉は、最初のひと口ふた口はおいしいけれど、どうしても脂っこい。でも、馬肉は最後のひと口までおいしいんです。いい意味でくせがないし、食べ飽きない。すじ煮込み、塩こしょうして焼いた馬ひも（あばら肉）、味噌煮込み……いくらでも食べられる肉なんですよね」

馬肉とともに育ってきた中田さんには、先行きに対する懸念がある。

「日本全体をみると、馬の生産量が減っています。だから、早めに肥育して短期間で出荷しがちな傾向があるように思います。でも、鮮度が大切な生肉を扱う立場としてみれば、やはり、肥育の効率より馬肉の質のよさを大切にしていきたい。現在、日本での馬肉の流通上のルールでは、最終肥育地についての認知もほとんど広まっておらず、おいしさを保証する基準の設定がなされていないのが実情です。私の会社では、外国から生体を輸入して国内か熊本で肥育管理された重種馬の馬肉を中心に扱っていますが、馬の種類、産地、肥育地を明快に把握したうえで販売することが重要だと考えています」

熊本を発つ昼、馬肉に別れを告げるのが惜しくて、未練たっぷりに水前寺公園近くの「水前寺　五郎八《いろは》」を訪ねた。昨夜も超満員だったのに、お昼も満員のお客でにぎわっている。熊本を離れたら、食べたくても食べられないホルモン焼きと馬刺し入りの桜納豆を注文して待っていると、隣のテーブルについた中学生三人連れのお父さんたちが注文したのもホルモン定食だった。熱い鋳物の鉄板の上で、じゅうじゅう音を立てる馬のホルモン。ぷりっぷりの熱いホルモンを箸でつまみながら、やっぱりここは名にし負う馬肉王国だという確信が湧いてくる。

新鮮な馬の赤身と納豆が混じり合う香ばしい桜納豆で口のなかをいっぱいにしながら、馬肉を食べるときの晴れやかな祝祭感、あるいは非日常感を思った。感謝をともなうその感情は、長い歴史のなかで人間と親しい関係を結んできた馬にたいする敬意だとも思う。

明治二十九年から四年三ヶ月、第五高等学校（現在の熊本大学）の教師として熊本に暮らした夏目漱石はこの句を詠んでいる。

草山に馬放ちけり秋の空

9章　すっぽん――静岡・舞阪「露地養殖」が育む異界の味

すっぽん事情を塗り替えたのは叶姉妹だったと記憶している。十数年前、美容効果を求めて夜な夜な六本木のすっぽん料理専門店に通っていますと公言すると、にわかに女子が色めき立った。あ、すっぽんと美容はおなじジャンルにしていいんだと私も思ったのだ。なにしろ、それまでずっと「食通」「接待」などの隠れ蓑をまとう「おじさん専用」がすっぽんだったから。

「ちょっとエッチ臭い響きがつきまといます」

働く女子、ウチヤマさん既婚・四十歳が小声で言った。彼女も、叶姉妹につられてすっぽんを食べに行ったという。年末に会社の同僚四人と誘い合わせ、意を決しての大奮発だった。

「社会人になって、自分が働いたおカネで鮨も食べた、ふぐも食べてみた、ようし次はすっぽんだぞ、と。確か一人一万五千円でした。値段はべらぼうに高いし、同僚の女たちが示し合わせて高級な店の暖簾をくぐるときは、まるで討ち入りです。場違いな空気も大きかった。でも、店を出たときの達成感は、そりゃあもう。根拠もないのに、これで本当の一人前になった気がしました。美容効果ですか……うーん不明です。緊張していたのでしょう、味もはっきりとは覚えていません」

いずれすっぽんに再会したいと思いながら今日まできたけれど、十年間その機会が巡ってこなかった。ずっと気になっていたけれど、すっぽんという単語を口にするのをためらってきたという。

「男性の前で『すっぽんが食べたい』とは、ちょっと言いにくかった。理不尽だなとは思いましたが、なんとなく言い出せない感じが強かったことは事実です。でもまあ、本音を言えば惜しいことをしてきたと思っています、ええ」

その気持ちはよくわかる。すっぽんを世間に引きずり出してくれた叶姉妹（いまも食べているのだろうか）には感謝したいが、同じように値の張る鰻やふぐに較べると、いぜん「高嶺の花」であり続けているし、なんとなく扉の向こう側でなりを潜めている感じがつきまとう。奮発して家族で鰻を食べに行くという話は聞いても、子どもといっしょにすっぽんに舌鼓を打ったという話は聞かない。

しかし、すっぽん事情にも変化の兆しはある。築地市場場内（現在、豊洲市場）の川魚仲卸「丸吾商店」を訪ねると、長年すっぽんを扱ってきた勤続三十余年の三ケ野良昭さんは「売り上げは〝鰻、かき、すっぽん〟の順番だが、年々すっぽんの需要が高まっている」と話す。

「すっぽんは男の滋養強壮剤のイメージが強かったけれど、もう男臭い料理じゃなくなってるね。だんだんコラーゲンの美容効果の人気が出てきている。十年ほど前、すっぽんを煮て作ったスープを店で売ってたことがあるんだけどさ、作ってると手の肌がぬるぬるてかてかになってくるんだよ。オレ乾燥肌なのに」

三ケ野さんのすっぽん捌きは秒単位だ。水槽に手を入れて甲羅の脇をつかみ、まな板の上にのせるとすかさず、にゅーっと突き出た細長い首に包丁を当ててトンと落とす。ちょっと気の毒なほどあっさりと首は離れるのだが、このときばかりは集中力がいるという。

「嚙まれないようにしないとね。すっぽんの歯は三角形の一枚刃だから、食いつかれると指に穴が空いちゃう。うん、昔は何度かありましたよ、嚙まれたこと」

頭のなくなった丸い甲羅の周囲に沿って包丁の切っ先を刺しこみ、くるっとひっくり返し、腹側を押し上げて外す。甲羅にくっついている肉を削ぎ取って切り分けるのだが、とにかく包丁の動きがすばやい。ツメを取る、内臓を外す、卵をしごき出す、エンペラを切り取る、小刀で食道を外す、苦玉（胆嚢）を潰さないように注意しながら廃棄する……すっぽんの構造を指が理解し尽くしていればこその超スピードだ。

「五ヶ所ほどで甲羅にくっついているから、身離れはいいんです。いや、本気出したらもっと速いよ」

外した甲羅を受け皿にして卵を集め、これも大事な売り物だからむだにはしない。すっぽん一枚の重さは、だいたい八百グラムから一・二キロ。相場は一キロ三千八百円前後。

捌いていると、立ち寄った常連客から声が掛かる。

「十本もらえます？」

「わるいねー、いまちょっと間に合わないね」

口は動かしても手は止めない。さっきまで水槽のなかでのんびりしていたすっぽんがみるみる減って肉に変わってゆくさまを見ながら、あれ、と思う。すっぽんは魚臭くもなく、内臓も少ないからなまなましさも薄く、想像していたよりも淡々とした解体風景である。ただ、産地によって肉の締まり方や脂の色がかなり違う。ねっとりと黄色い脂肪もあれば、薄クリーム色の脂肪もあるし、筋肉質の締まった肉もあれば、ぷよっと水っぽい肉もある。外から見るとどれもおなじすっぽんに映って見分けがつかないけれど、甲羅を開けてみれば、顔つきがかなり違うことに驚く。

「環境次第だね。すっぽんは餌と水。過密な状態にさせずに、水質のいい環境で育てないと脂が臭いの。育て方でずいぶん変わるよ、すっぽんは」

浜松で東海道線に乗り換え、JR舞阪駅で下りる。まっ青な冬空にまっすぐ、二本の飛行機雲。空気はぴりっと冷えていても陽射しがほんのりと温かく、いかにも静岡らしい。すぐ近くの浜名湖は泣く子も黙る鰻の一大養殖場だが、この浜松市舞阪がすっぽんの聖地だということは意外に知られていない。

明治三十三年、江戸深川の川魚商、服部倉治郎（一八五三〜一九二〇）が当地に造成した「服部中村養鼈場《ようべつじょう》」（創業明治十二年）は、日本初のすっぽんの養殖場である。川魚商として鰻、鯉、鮒などをあつかってきた倉治郎がすっぽんの飼育研究に乗りだし、その場所として温暖な気候で交通の便のいい舞阪に白羽の矢を立て、地元の協力を得て土地を購入したことが、日本におけるすっぽんの養殖の幕開けになった。以来、「服部中村養鼈場」が独自のやり方で育てるすっぽんは日本一の高名をとり、京都のすっぽん料理の老舗「大市《だいいち》」を筆頭に、名だたる料理屋の信頼を集め続けてきた。「服部中村養鼈場」のすっぽんは、すでにそれ自体が一大ブランドである。

どんなふうに育てられれば、名にし負うすっぽんになるのだろう。その理由を知りたくて、二〇一六年十二月、舞阪を訪れた。

敷地に足を踏み入れると、しいんと静まり返って音のひとつも聞こえてこない。約一万坪、六十面ほどの池が点在していると聞いて、こんなに広いのにやっぱり奇妙な静寂だなと思う。一面ごとの池の奥底に五百〜八百匹ずつ、無数のすっぽんが土中に潜りこんで冬眠中。ひたすらな静けさは眠りの深さを表しているのかと思うと、時間が止まるような不思議な感覚に襲われる。気温十五度を下回ると暗い土中に潜りこみ、春が訪れるまでひたすら長い眠りにつく黒い群れ。夢幻の領域に引きずりこまれてしまいそうだ。

いっぽう、「服部中村養鼈場」でなされている手間と時間のかけようは意表を突かれるものだった。ここでおこなわれているのは、すっぽんが孵化してからゆっくり三、四年の歳月をかける「露地養殖」。太陽も風も雨も、つまり、舞阪の自然環境をそのまま生かしながらすっぽんの成長に寄り添う独自の方法である。

「どこまで手間をかけられるか、なんです。すっぽんに対する愛情と興味がなければ、とてもできません。しかも、相手は何十万匹です」

服部征二さんの口調に実感がこもる。服部さんは、七年前、父が引き継いできた代々の養殖方法を守ろうという覚悟を抱いて「服部中村養鼈場」の五代目を担った。

「まず池の環境をきちんと作らなければ、いいすっぽんは育ちません。夏場になると、私たちがアズキモチと呼んでいる水草が池の表面に繁茂するのですが、少しでも気を抜くと、あっというまに水面が緑一色になってしまう。アズキモチは、すくってもすくっても繁るので、ひと夏に何度も従業員が網を持って池に入り、風向きを計算しながらアズキモチを取り除きます。長靴のなかに汗が溜まる重労働です」

炎天下、男たちがゴム引きの装具を身につけ、いっせいに池のなかに入って網を動かす光景を思い描いた。昔は二十人ほどが集まって作業していたけれど、現在は二十代から七十代までの男性たち六、七人がおこなう。

「愛情と興味がないとできませんよ」

池の水質をきれいに保つのは、もちろんすっぽんの健康を思えばこそだ。池の水は、天竜川の用水。除草剤などの薬は一切使わず、ひたすら人力と知恵を駆使して昔ながらの素朴な飼育法をむねとする。肉質のよさを左右する餌は、白身魚をはじめ、たんぱく質を中心に工夫を重ねて配合したもので「そこは企業秘密です」。池の容量とすっぽんの数のバランスにも要諦があり、過密を避けなければならない。それぞれの池には番号がついており、管理しやすいよう、同じ生育期間のすっぽんごとに分けているのだという。一定期間がきたら、ポンプで池の水を吸い上げて池の場所を替えてすっぽんを移動させ、水質や土質を保つのも重要な仕事だ。そのさいも、全員が水を抜いた沼地に入り、何度も池のなかを往復しながら土中のすっぽんを一匹ずつ拾い上げて魚籠《びく》に移してゆく。このとき、病気を患っていないか、風邪をひいていないか、怪我していないか、一匹ずつ目で確認するというから、なるほど「愛情と興味がなければできない仕事」に違いない。親どうぜんの気持ちがあればこその「露地養殖」なのだった。

「池にお札が潜っていると思わないといけないんですよ、いやほんとに」

服部さんが真剣な表情で言うのだが、その言葉は、市場最高値一キロ六千円の値段がつく責任感のあらわれでもあるだろう。

服部さんには自負がある。

「うちのすっぽんは、養殖なのに旬がある」

多くの養殖場でおこなわれている室温をコントロールしながら育てるハウス方式では、年中いつ出荷しても肉質が一定になる。しかし、「露地養殖」の眼目は、自然環境とすっぽんが冬眠する習性のサイクルの両方を守り、すっぽんの体力をつけながら健やかな成長をうながすこと。七月から九月、餌をさかんに食べて肉がついたすっぽんは、十月あたりから冬眠しながら脂肪を蓄える——これが、服部さんのいう「養殖なのに旬がある」背景だ。しかも、冬場はすっぽん鍋の需要が高まるタイミングにも重なるのだからよくしたもの。

毎年五月から八月、親池では産卵が続く。この時期には毎夕、敷地内の砂場に産卵した位置を確認し、野鳥やイタチなどから守るためにネットをかぶせる。卵は、あらかじめ有精卵と無精卵に選り分け、有精卵は孵化器で孵《かえ》して次世代のすっぽんの誕生に備える……やっぱり我が子同然の扱いなのだ。

親池や養殖池の面積を訊くと、「ざっくり三万坪、日比谷公園くらい」。それほどの広さに散らばって生育するすっぽんを想像すると、どこか現実味が遠のく。えんえんと続く養殖池のあぜ道を経巡《へめぐ》っていると、飛来してきたカモ、バン、サギなどの姿に出会う

のだが、すでにその光景じたいが自然環境の一部であることを語っている。たまに野生のタヌキやイタチにすっぽんが襲われることもあると聞いて、弱肉強食の世界をも取り込むのが「露地養殖」の流儀なのだと気づかされた。

健康なすっぽんを育てることは、自然を守ることでもある。とはいえ、すべてのすっぽんが優等生に育つのはむずかしい。甲、乙、丙のランクをつけ、選り分けてサプリメントや美容分野の加工用に出荷するものもある。食材にしても、加工にしても、すっぽんの可能性はまだまだ未知数だというのが服部さんの見立てだ。

明日、東京方面に出荷するというすっぽんが箱のなかにおさまっている。出荷用の池から引き上げたあと、いったん水槽に移して洗ったのち、重量別に分けてからオガクズを詰めた段ボール箱におさめて出荷にそなえるのだが、すっぽんはすっかり自分の気配を消して、静まり返っている。荷札に宛名の書かれた箱の重なりにそっと近づいて耳を寄せると、かさり、ごそり、動く音がかすかに耳に伝わってきた。

師走の朝、東京・西新橋「新ばし 笹田」は仕込みの仕事に忙しい。年末まで予約で一杯の多忙を極めるなか、主人の笹田秀信さんがすっぽん料理の一部始終を見せて下さることになった。二〇〇五年の開店以来、笹田さんが仕入れるのは「服部中村養鼈場」のすっぽんである。指定注文は「スープのよく出る」八百グラムのオス。すっぽんコースのお代、一人前一万八千円。

まず気になるのは、天然ものと養殖のすっぽんとの違いである。「服部中村養鼈場」のすっぽんの質のよさはさておき、なぜ養殖ものを選ぶのか、笹田さんに訊いた。

「以前、試しに天然ものを三匹仕入れてみたことがあるんです。ところが、天然ものは肉質のばらつきが大きい。そのうち一匹の質が悪かったようで、いっしょに煮始めると、店中に悪臭が立ちこめて全部がだいなしになってしまい、大変でした。それ以来、天然ものは使っていません」

天然もの、つまり野生児は個体差があり過ぎてリスクが高いというのが、笹田さんの結論だ。すっぽんは外見だけでは判断がつきにくく、そもそも仕入れ値が張るのだから、ロスが生じる危険は避けておきたい。

さて、すっぽんをおろすとき、「ほどく」とも表現する。笹田さんは出刃包丁ですばやく頭を切り落とし、心臓だけ残して内臓は処分する。関節に包丁を的確に入れながら、前脚部分と後脚部分を各二貫、全部で十五貫に切り分ける「四つほどき」。この手順は、修業先で習得した。ほどいたらすかさず湯に通し、肉の表面につく薄皮を丁寧に剝ぐのは、食べたとき口のなかがざらついてしまうのを防ぐため。これも、すっぽんをあつかううさいの大事なひと手間である。

すっぽん鍋の作り方も惜しげなく見せてくださるというので、思わず首が伸びてすっぽんになった。一度味わうと忘れられなくなると評判をきく、「笹田」のすっぽん鍋の味、さぞかし秘密があるに違いない。

ところが、あっけないほど簡単なのだ。水四千cc、十五貫に分けた身を大鍋に入れて沸騰させ、丁寧にあくを引く。途中でくわえる酒は、五百ccと少なめ。中火でことこと小一時間煮て、二割ほど量が詰まったところで火を止める。味つけは、濃口醬油と淡口醬油、少しの酒、生姜の搾り汁。

「素材がよくてうまみが強いすっぽんだから、よけいなことはしなくていいんです。産地によって、味つけは微妙に変わることがあります。服部さんのすっぽんは臭みがないので、生姜の搾り汁もほんの少しです。味覚のすごい方はいらっしゃるもので、いつも通り作ったすっぽん鍋でも、これは服部さんのすっぽんでしょう、今日は違う産地のすっぽんでしょう、ぴたりと当てるお客さまがいらっしゃいます」

すっぽんを上手に扱えれば料理人として一人前だといわれるけれど、すっぽんはお客も試してくるのか。

笹田さんが意外なことを言う。

「すっぽんは個性が強いのに、どんなだしにも合うんです。何と合わせても飛び抜けておいしくなります」

すっぽんという食材の本質がここにある。相手の持ち味をじゃませず、しかし、じいんと痺れるような余韻。がつんとインパクトを食らわせる攻撃的なうまみではなく、深く静かに潜伏するアミノ酸たっぷりのうまみは透明、明晰、緻密。

「料理しながらいつも思うのですが、すっぽんというのは本当におもしろい食材です。修業時代からやみつきになって、友人たちを『料理して食わせるから』と誘っては、割り勘で資金を集め、四、五匹さばいては自主練習していました」

ほどき方、火の入れ方、醤油の合わせ方、酒の量……試行錯誤を何年も重ねながら、笹田さんのすっぽん鍋の味が整っていった。

「熱いところをどうぞ」

鍋のなかにむっちり大ぶりの身が二貫、焼きねぎ、焼き餅、豆腐、細かく潰した薄黄色の脂身が浮き実のように揺れている。

気が逸《はや》るのを抑えながら、透明な黄金色の熱いスープをれんげに満たし、啜った。すーっと口のなかに滑りこむ清澄な汁。醤油のほのかな香ばしさ、焼きねぎの甘み。つつましやかなふりをして、しかし、奥まったところから、あの臈長《ろうた》けたうまみが頭をもたげてくる。追いかけて、まろやかに花開く脂のこく。

なんだろう、これは。

さっき見た調理の一部始終は「あっけないほど簡単」だっただろう？

すべてはとてもシンプルだったろう？

自問自答してみるのだが、うまみの余韻は深まるいっぽうだ。コラーゲンがまとわりついた唇は、たったひと口でぺなぺなする。これだから、すっぽん鍋は油断がならない。籠絡されたついでに思考力もいっしょに奪われ、けっきょく「おいしい」のひと言に集約されてしまうのがまたくやしい。

すっぽんを食べたいのに、今日まで十年ずっと食べずにきたウチヤマさんが小声で洩らす。

「いちいちおいしいおいしいとしか言えない自分が馬鹿みたいです。でも、それ以外の言葉がまったく見つからないので仕方がありません。あえて言えば、壮大な長編小説に捕まった感じに似ているような」

その奥があった。

すっぽん鍋に続いて、焼きすっぽん、唐揚げの三つ巴。

焼きすっぽん。直火でじっくり焙って水分を飛ばしながら、つけ焼きにして山椒を振る。厚いえんぺらが餅のようにぷくーっとふくらみ、口のなかでねっとり、くにくに、とろける。うまみの一滴も外に出ていない、ぎゅうと凝縮された魔物が襲来し、頭のネジが二、三本飛んだ。

唐揚げ。醤油をからめた大ぶりの身に葛粉をまぶし、からりと揚げる。揚げることによって肉汁をすべて封じこめた肉の塊にかぶりつくと、鶏でもなく魚でもなく豚でも羊でも牛でもなく、この過剰な風味はほかでもないすっぽん。箸はまどろっこしい、手づかみですっぽんに挑む。幾何学的な骨の造作の迷路を唇と舌先で探りながら、忘我の境地に入ってゆく。

焼きすっぽんも唐揚げも手づかみでしゃぶり尽くした、そのあと。さっきまで肉片をつかんでいた生乾きの指が、セメダインを塗ったみたいにびたっとくっついて離れない。豚足のコラーゲン効果もすごいが、すっぽんも負けてはいない。これまでにもおなじ経験をしたことは何度かあったけれど、あらためてすっぽんの実力にひれ伏す思いがします、と笹田さんに告げると、そうでしょうとも、というふうにうなずきながら、

「お客さまのなかに銀座のクラブにお勤めの女性がいらっしゃるんですが、『翌日の化粧のノリがまったく違うのよ。すっぽん効果は一週間もつ』とおっしゃいます」

だめ押しの返事だった(とりあえず翌朝、ウチヤマさんと私の肌はすっぽんの霊験あらたかなもっちもち状態だったことを報告しておきたい)。

締めくくりは、首肉を細かく包丁で叩いて入れたすっぽん雑炊である。

すっぽんと日本人との関係は、そもそも深い。登呂遺跡からすっぽんの骨が出土しており、弥生時代の稲作文化をものがたる奈良県磯城《しき》郡田原本町《たわらもとちょう》の唐古《からこ》・鍵《かぎ》遺跡では、出土品の土器にすっぽんが描かれ、さらに骨も出土していることから食用の事実がみてと

れる。本山荻舟『飲食事典』(一九五八)によれば、中国ではカメを「忘八」と呼び、八徳を忘れた無礼者とかんがえた時代があった。それにならって、江戸時代、すっぽんは下卑た食べものとされていた。しかし、さかんに料理書に登場し始めるのもこの頃で、人見必大《ひつだい》『本朝食鑑』(一六九七)にはすっぽんの炭火焼きが登場する。そしてすっぽんには薬用効果があるといわれて注目され始め、貝原益軒『大和本草』(一七〇八)にはすっぽんの効用が特筆されている。

私の手もとに、大正十四年に刊行された木下謙次郎『美味求真』がある。明治二年生まれ、貴族院議員や衆議院議員を務めた政治家で、稀代の美食家として知られた人物による日本初の食味随筆とされる。全六百九十六ページ、人類と食の関係から始まって、栄養、食材ほか自在に論じる壮大な書なのだが、驚かされるのは第六章「善食類」第四節、約四十ページを費やして「鼈《すっぽん》」を論じていることだ(「河豚」は十二ページ、「鶏」は二十五ページ)。その内容は、すっぽんの生態、漁法、鑑別法、解体法、料理法など、微に入り細を穿って掘り下げており、稀代のディレッタントのすっぽんへの執着ぶりににやりとさせられる。第六項「鼈の煮方」では、すっぽん料理は中国の南方で一般的であると紹介し、日本では九州から上方で親しみのある存在だが、「江戸方面関東は最も後れたるもの丶如し」。すっぽん料理として挙げているのは、「鼈のつ丶み焼き」「鼈の甘煮」「鼈の羹《あつもの》」「鼈の卵」「鼈卵茶椀蒸し」など。

さらにこう書く。

「鼈は東洋特産の物の如く考ふる人あれど、欧羅巴米国等にも地方によりては之れを産する処少なからず。併し好んで食用に供する事を聞かず。多くはスープに取るもの丶如し。即ちタートルスープとは鼈肉スープの事にして、西洋にては最高等の宴会に用ひらる丶ものなり。大正十年英国皇太子殿下御来朝の節、我が皇室にて歓迎せられたる豊明殿の晩餐御宴には、国産のスッポンスープを用ひられしと云ふ」

惚れ込む美味をここぞとばかり謳い上げ、すっぽんに肩入れしている。

すっぽんはスッポン科に属するカメの一種で、河川や沼に生息する淡水動物である。日本産は一種類、キョクトウスッポン属のニホンスッポン。本州や四国、九州に生息し、雑食性。ほかのカメ類と異なるのは、甲羅に亀甲の菱形がなく、皮膚化して柔らかいこと。英語でsoft shelled turtleと呼ばれる由縁だ。月や太鼓にも例えられる丸い円形の身体つき、性質は並外れて警戒心が強い。

忘れられない光景がある。大分の安心院《あじむ》を旅したとき、すっぽんの養殖場を訪ねる機会があった。すっぽんは臆病な生きものだから、すがたを見たければ足音を立ててはいけないと注意され、おっかなびっくり養殖池に近づくと、とても数えきれないすっぽんの群れがいっせいに池から長い首を出し、日向ぼっこを貪っている。のんきに陽光を浴びるシルエットが愛らしくてくすっと笑いが出たけれど、じっと眺めていると、ネス湖の恐竜の子どもの大群にも見えてくる。いずれにしても現実離れした光景だなと思いながら息を詰めて観察していると、うしろからやってきたひとがうっかり足下の石を踏みつけ、ジャリッと派手な石音が鳴った。その瞬間、黒い影が電光石火の勢いで水中に潜りこみ、魔法のように掻き消えたあとの池には水紋がゆらゆら揺れるばかり。嚙みつくと雷が鳴るまで離れないほど凶暴なのに、こんなに臆病で用心ぶかいのか。すっぽんは、とかく謎めいている。

大阪に興味ぶかいすっぽんの店がある。

扇町「ツバクロすっぽん食堂」。

初めてその存在を知ったとき、まさかそんな、ぽかんとしたのである。すっぽん料理に的を絞ったメニューの数々、しかも、にわかには信じられないほど値段が安い。「丸鍋　二〇〇〇円」の文字を見たときは、思わずゼロの数を数え直してしまった。丸鍋はすっぽんだけを煮出した濃厚なスープを味わう特別な料理であり、値段はゼロがもう一個多いのがふつうだと思いこんできたから。その丸鍋が二千円だなんて、なにかの間違いじゃないのか。すっぽん唐揚げ千三百五十円、すっぽんだしまき千円、すっぽんもつ煮九百円、コラーゲン炙りポン酢九百円、コラーゲンスープ六百円、すっぽんラーメン千三百円、すっぽん雑炊千円……まず値段に反応するのもどうかと思ったけれど、「すっぽん料理はとにかく高い」というイメージを正面突破する値段の安さにきょとんとしてしまう。そのうえ、めっぽう味にシビアな大阪人が「あそこはええで」とさかんに太鼓判を押すのである。

「ツバクロすっぽん食堂」に駆けつけ、虚心坦懐に丸鍋をいただいた。そして、感服した。その味わいにも、二千円という値段にも。

なぜこんな奇跡が起こせたのだろう。そもそも、この前代未聞の店を開こうと思った理由はなんだったのだろう。

店の代表を務める菅原勝範さんは、二十年近く料理人として懐石料理を手がけたのち、独立して自分の店を開くならすっぽんをテーマにしようと決めたのだという。

「でも、最初はすっぽんだけに的を絞るのはさすがに不安がありました。魚でもないし、獣でもないし、知っているひとは知っているけれど、知らないひとはまったく知らないし、二十代前半の若者のほとんどが口にしたこともない。そんな状況だから、果たしてすっぽんは求められているのかなと心配もしたんです。すっぽんの一般的なイメージは〝高級〟〝ゲテモノ〟〝おじさん〟。でも、そのイメージを取っ払ってみると、こんなおいしいものはない。美容にも滋養強壮にもいいし、脂肪も溜まりにくいし、いいところしかない。すっぽんが身近になくて出会う機会もなく、ハードルが高いから味見もできず、食べたことがない人が多すぎると思いました。だからすっぽんだ、と」

逆転の発想の勝利である。

「丸鍋という料理は、すっぽん料理の完成形だと思います。でも、すっぽんはそれだけじゃないはずだ、と。鍋から離れてもみたいし、崩しすぎない崩し方もある。すっぽんには新しい可能性があるという確信を持っていました」

じつは、「ツバクロすっぽん食堂」は京都の木屋町にも、もう一軒ある。二〇一一年、京都に一軒目を開店、値段の張る高級店が軒を連ねる木屋町のまんなかでお客の舌をつかみ、四年後、大阪に二軒目を開店した。内装はシンプルな仕様におさめ、人件費もぎりぎりまで削ることで単価を落とし、世間に流布されている〝高級〟〝ゲテモノ〟〝おじさん〟のイメージを覆す方向に舵を切った。

菅原さんは、質のよさと値段の安さを兼ね備えた国産のすっぽんを探し続ける。ようやく見つけた取引先の一軒、長崎の養殖場は、満潮になると海水が川に入りこみ、いったん土壌で濾過されてからミネラルの豊富な湧き水となって流れてくる不思議な地形のなかにあり、すっぽんの養殖を手がけて二代目のおじいさんが身内のように大事に育てていると聞いて、ぴんときた。

「すっぽんはストレスがかかっていると、本来のうまみがでない」

これが菅原さんの実感だ。天然のすっぽんは、値段が安くても質が安定しないので使わないと決めている。

厨房の大きな寸胴鍋に、おろしたてのすっぽんがくつくつ煮えて湯気を立てている。産地直送、二日に一度七〜八匹を仕入れて煮込むスープが「ツバクロすっぽん食堂」の料理の基本だ。

「すっぽんの魅力は、ボディブロウのような重低音のうまみだと思います。ところが、不思議なことに、べつの食材と合わせるとすっと奥に隠れる。ふぐと較べても力強いし、はるかにうまみが濃く、存在感も個性も強いのに、相手をじゃましないんです。すっぽんの生き方と似てるのかなと思います」

作家、いしいしんじさんは京都の「ツバクロすっぽん食堂」に足繁く通い、短編「すっぽんレゲエ」を書いた。

その冒頭の場面。

「パーティの仕事から帰ると、マンションのドアの水面に、すっぽんが一匹、浮かびながら待ってた。

『そろそろ、国へ帰る潮時か、と思いたちまして』首を長くのばしてすっぽんはいった。

『ほんとうに、いろいろと、お世話になりました』

『そうか。まあ、ひとまず上がったら』

ざんぶり波をたててドアをあける。斜めにかしいだ廊下の途中から、水のかぶらない床が顔をだしてる。三階の、俺の部屋なんざまだましなほうで、マンションの一階二階

部分は、大洪水以来、もう五年も水没したままだ」(『マリアさま』リトルモア)

挨拶にやってきたすっぽんの名前は五郎。「俺」は、相手がすっぽんでなければできない特別なやり方で今生の契りを結ぶ。この胸ふるわせられる一編のなかで、この一文に出逢う。

「深いところで、俺たちにはわかる。すっぽんの味って、音楽を溶かした水そのものだ」

音楽の溶けた味。なんという純粋な言葉だろう。いしいさんとすっぽんとの関係もまた、この言葉のなかに溶けこんでいる。

週末の夕方五時、いよいよ本日開店である。ほどなく、おじさんの二人連れ、女性五人組、男女のカップルの順に席が埋まっていった。このばらばらの客層が「ツバクロすっぽん食堂」の功績をものがたっている。

「若い女性も多いですし、最初はびくびくしながら来てる人もいてはります(笑)。でも、食べてみれば喜んで帰ってもらっているので、値段はかなり無理していても、それでいいかなと」

大阪での連れも、東京・西新橋につづいて十年ぶりにすっぽんと再会するウチヤマさんである。丸鍋を前にして、驚愕の表情とともに熱い湯気に顔を埋めながらスープをひと口、またひと口重ねてゆく。

ウチヤマさんが頬を染めてつぶやいた。

「ブーンというかジーンというか……頭が痺れます」

しばらく黙って食べていると思ったら、不意に頭を上げ、またつぶやく。

「これは、人生の後半に取っておきたい味。若いときにはわかりませんでした」

もはや味ではない、ただ深さだけがここにある。そんな気がした。

すっぽんは、ここではない彼方への片道切符なのか。

締めくくりにすっぽん土鍋ご飯を注文する。生米から炊き上げたひとつぶひとつぶ、ぷっくりとふくれ上がっている。そっと口にふくむと、奥まったところからなにかが膝を詰めて迫ってくる感覚が萌《きざ》した。

10章　鯨──千葉・和田浦　ツチ鯨漁の現在

早朝六時十五分。

「はい、じゃあまいります！」

合図を掛ける大きな声が上がると、解体場に流れる空気がぴりっと引き締まった。裸電球の灯。屋根の下に立つ十二人の男たちは、タオルの鉢巻き、ゴムエプロン、軍手、長靴姿。全員の視線はいっせいに海のほうに注がれている。

南房総、和田浦。梅雨のさなか、夜中から降り続くどしゃぶりの雨が海面を激しくうねらせ、したたかに打つ。

「いきまーす」

二本の太い金属ロープが巻き上げられ、じりじり、じりじりと木床の上を動き始める。何十メートルも長く延びて木床を這うロープの先端は、防波堤すぐ近くの海中に沈み、行方が確認できない。いっぽう、ロープの根元は、解体場のもっとも奥まった場所に据えられたウインチに固定されており、ハンドル操作によって手前へゆっくりと引き絞られてゆく。

その海上の光景は、とても奇妙だった。解体場から十メートルほど離れたあたり、波間から黒いヒレが突き出している。目を凝らすと、巨大な飛行船のような物体がぷかりぷかりと浮かんでいる。ウインチが操作され始めてほどなく黒い山が動きだしたから、ロープの先端は黒い山に繋がっているのだ。なめらかな曲線をもつ大きな影が少しずつ海面に現れ、さらにロープが引かれると、ゆうらり右へ、ゆうらり左へ、波を起こしながら解体場に向かって進み始め、まず最初に黒い尾びれが姿を現した。

ツチ鯨である。沿岸小型捕鯨によって捕獲される体長十メートルほどの鯨で、長く突き出た嘴《くちばし》が槌《つち》に似ていることから、この名前で呼ばれるようになった。ツチ鯨は夏場、水深千〜三千メートルの海に近寄ってくる習性があり、外房の海にやってくる。前日に捕ったツチ鯨を十八時間ほど堤防の脇に繋留したうえで翌朝に引き揚げるのは、房総でただひとつの捕鯨会社、外房捕鯨のやり方だ。ハンドルを握るのは庄司義則さん。父が興した外房捕鯨を引き継ぎ、鯨を捕り続けている。

千葉県南房総市和田町。海岸線に沿って集落が続く一帯を和田浦と呼ぶ。江戸時代から夏場に沖合で回遊するツチ鯨を捕って食べてきたのは鋸南《きょなん》あたり（勝山、岩井袋）。館山、白浜で捕鯨が始まったのは明治以降、千倉や和田浦では太平洋戦争後に行われるようになった。庄司さんは、外房捕鯨を率いることによって土地の鯨文化を継承してきた人物だ。鯨が獲れたら連絡をいただけますか、すぐ駆けつけます。あらかじめ庄司さんにお願いしていたから、こうして二〇一六年の第一頭めの捕獲に立ち合うことができた。「捕ってから海中で寝かせると肉質が柔らかくなるんです」と庄司さんから教わる。

海中からツチ鯨が引き揚がってきた。尾羽《おば》に穿った穴に繋がる金属ロープが巻き上がり、ハンマーのような長い嘴は海側へ向いたまま、つまり後ろ向きに巨体が現れる。

「オッケー。はい、撒きまーす」

高圧噴射の水がすさまじい勢いで浴びせかけられ、巨体に跳ね返ってバシャバシャと飛沫が上がる。そのときの様子をメモした取材ノートには、「光っている　なめらか　囲碁の石のよう　まぶしい　つやつや　目が吸盤になる」などの走り書きがある。〝目が吸盤になる〟というのは、鯨から目が離せなくなった自分の反応を書き留めておきたかったのだろう。黒い巨体に白く走る細い筋は、傷だという。

鯨はずっと、私のなかでは「ピノキオ」の物語の一部だった。ピノキオが飲み込まれてゼペット爺さんと再会するのは、本当は大ザメなのだが、ディズニー映画では鯨になっている。〈巨大なもの＝鯨〉と変換したのだと思う。そのあと、小説や海外文学、報道写真や映像などで見知って想像をたくましく膨らませてきたが、至近距離で鯨という動物を間近に見るのは初めてだった。どおんと横たわる黒い山を何度見ても、目をこすりたくなる。これは現世の動物なんだろうか、海のなかにこんな巨大な生きものが泳いでいるのか、すんなりとは信じられない。小型の鯨であっても、並外れて大きいということは、ただそれだけで神話の領域に触れるような感動を覚え、戦慄する。

かならず水産庁の調査員が立ち合うのが決まりになっている。調査員の役割は、定められた捕獲頭数が順守されているかを確認すること、鯨の生物学的データを収集すること。まず巻き尺を手にして近づき、体長、尾羽、立羽、胴囲などを計測し、ノートに書き込んでゆく。

ときどき声に出して確認する。

「体長十メートル四十四センチ。捕れた場所は白浜、南の沖合二十キロ」

庄司さんの目算では、重さ約十五トン。

まず、胃の内容物、採血、組織の採取、性腺の成熟度など全部で八十以上にのぼる項目が調べられ、サンプルは静岡の国際水産資源研究所に送られる。

ひと通り生物調査が終わると、傘をさして遠巻きにして見ていた小学生の子たちといっしょにおずおずとツチ鯨に近づいた。「解体ショーでも見世物でもない」と、庄司さんはつねづね口にする。こうしてだれにでも自由に見学させるのは、和田浦に伝わる鯨文化にじかに触れてもらいたいという考えによるものだ。

「ぷにぷにしてる！」

五年生の男の子が声を上げた。

いろんな声が聞こえてくる。私も、おずおずと指を伸ばしてみた。本当だ。想像していたよりくにゅうと柔らかな感覚が指の腹を通じて伝わってくるので、意表を突かれる。もっと硬質でガラスのように強く弾き返されると思っていたのだが、押すと少し指が沈む。顔を近づけると映るんじゃないかと思うほど、磨きたての鏡のように透明な黒。惹きこまれて嘴のほうへ歩き進むと、ツチ鯨の目の窪みがあった。半開きの目がとても優しい。

「触ったらなんか気持ちいい」

「思ったより柔らかいよ」

午前七時半。白いタオルを頭に巻いた男たちの動きが忙しくなった。見学者はいっせいに後方へ下がり、固唾を飲んで成りゆきを見守る。

手に手に長いナタのような包丁を握っている。柄の長さ一メートル半ほど、面積の広い大きな台形の刃がついた大包丁。全員が尾の側に集合すると、一升瓶を手にした庄司さんが、まずツチ鯨の巨体に酒をかけ回した。あたりにぷんと漂う酒の香り。つぎに、男たちが差し出した大包丁の刃の部分に浄めの酒を振りかけ、全員が輪になった。

酒を汲んだ茶碗を手にして、庄司さんが発声。

「今年も気をつけて、安全第一でいきましょう」

「はいっ」

低い声が重唱して、輪になった男たちが御神酒《おみき》で唇を湿らせる。今季一頭め、初漁の鯨を迎えた儀式だ。鋭く尖った大包丁を手にする彼らの表情に緊張が走っているのを見たとき、庄司さんの「安全第一」の言葉の意味がリアルに迫ってきた。あらためて木床に高圧噴射の水が勢いよく掛けられると、いよいよツチ鯨の解体の準備が整った。

二〇一九年、日本はＩＷＣ（国際捕鯨委員会）からの脱退を決め、一九八六年以来三十一年ぶりの商業捕鯨を再開した。水産庁は、二〇二〇年以降に設定する年間捕獲枠の上限をミンク鯨百七十一頭、ニタリ鯨百八十七頭、イワシ鯨二十五頭に設定している。いずれも推定資源量の一％以下、厳しい基準を反映させ、保護と持続可能な利用を目指すものだ。鯨漁は、日本の領海と排他的経済水域（ＥＥＺ）でおこなわれる。

いっぽう、商業捕鯨のモラトリアムが実施されるなか、日本政府の管轄下で計画的に続けられてきたのが沿岸小型捕鯨である。対象はミンク鯨、ツチ鯨、マゴンドウ。許可隻数、五隻。捕鯨基地は現在六ヶ所、北海道の釧路と網走、青森の八戸、宮城の石巻（鮎川）、和歌山の太地町、そして千葉の和田浦。和田浦の小型捕鯨に割り当てられた捕獲枠は年間二十六頭で、漁期は六月二十日から八月末に設定されている。ツチ鯨が捕れる夏、和田浦では解体したての肉が売られ、薄切りにした赤身肉を天日干ししてつくる

「たれ」作りの光景も昔からおなじみだ。地元では、和田浦に鯨が揚がるのを楽しみに待つ。

　和田浦が捕鯨基地のひとつとして今日まで存続してきたのは、南房総の土地に長い捕鯨の歴史があってのことだ。江戸初期、鋸南町勝山の醍醐新兵衛が銛《もり》で突いて捕獲する「突組」を組織、しだいに組織が整えられ、鯨船五十七隻三組を率いて鯨漁がおこなわれるまでになった。明治期半ばに西洋の捕鯨技術が取り入れられ、捕鯨は会社経営に発展して漁場を広げ、四百年におよぶ南房総の捕鯨が引き継がれてゆく。和田浦でツチ鯨を捕り始めたのは昭和二十三年、庄司さんの祖父も、捕鯨の権利を買って捕鯨業を始めたひとりだ。昭和二十四年、家業を引き継いで現在の会社を始めたのは庄司さんの父、博次さん。宮城や北海道にも捕鯨基地を据え、鯨を追ってオホーツクや和歌山の太地まで出向き、夏場になると南房総の沖合に回遊するツチ鯨を捕った。かつて大型捕鯨が華やかだった頃、小型のツチ鯨は、市場ではたいした値がつかなかったという。もちろん、和田浦は捕鯨だけで成り立っているわけではない。クロダイ、サヨリ、カマス、メジナ、イサキ、シマアジなど近海魚が豊富に獲れ、ここはのんびりとした風情が漂う昔ながらの漁師町である。

　さて、いま外房捕鯨を担ってツチ鯨漁を守る庄司さんの話をしたい。庄司さんは一九六一年生まれ。北海道大学で社会学を学び、水産会社に就職したのち、三十三歳のとき会社を辞めて地元に戻り、二代目として外房捕鯨を引き継いだ。鯨を追う季節には船を駆って北海道や和歌山へ出向き、夏になると南房総に戻ってきてツチ鯨を追う。つまり、親子二代にわたって鯨を追いかけているのだが、いま、庄司さんの目に映っている鯨漁は、「持続可能な産業」としての生業《なりわい》である。調査をおこなったうえで的確に資源管理をすれば、環境に負荷をあたえない健全な捕鯨を続けていける。だから、四百年続いてきた房州の捕鯨の火を消さずに守る――この信念にもとづいて、庄司さんは鯨を捕るだけでなく、町が主催する体験学習会、地元の民宿や料理店が参加する「和田浦くじら食文化研究会」や捕鯨をめぐる報告会など、陸に上がっても身を削るようにして走り回っている。

二〇一七年九月二十七日、国立市の一橋大学インテリジェントホールで開催された捕鯨問題をめぐるシンポジウム（主催・一橋大学大学院社会学研究科）はきわめて興味深いものだった。第一部は、ドキュメンタリー映画『おクジラさま』の一部上映と佐々木芽生監督の講演。『おクジラさま』は、捕鯨をめぐって両極の価値観がぶつかり合う漁師町、和歌山県太地町に取材した作品で、ふたつの「正義」がぶつかり合いながらローカリズムが翻弄される構図を描く視野の広いドキュメンタリーだ。おなじ太地町のイルカ漁を批判的に描いたアメリカのドキュメンタリー映画『ザ・コーヴ』（アカデミー賞長編ドキュメンタリー映画賞を受賞した）にたいしてアンチテーゼを掲げ、と同時に小さな港町の存在意義を問いかける骨太の作品でもある。第二部のパネルディスカッション「捕鯨問題を開く」には、コーディネーターの社会学研究科教授、赤嶺淳さんの尽力によって、ＩＷＣ日本政府代表、水産庁資源管理部の捕鯨室長、海洋法や海洋政策論などの研究者、新聞記者など多彩なメンバーが勢揃いしたのだが、そのひとりとして肩を並べたのが庄司さんである。

パネラーのなかでただひとり捕鯨の現場に身を置く立場としての発言に、聴衆が身を乗り出した。庄司さんはまず語った。

「捕鯨問題はしばしば是非について語られますが、本質的には捕鯨は食べものを供給する仕事ですから、経費や加工販売などの売り上げとのバランスが取れなければ存続していけません」

とかく捕鯨問題はイデオロギーで語られがちだが、まず、庄司さんをはじめ捕鯨に携わるひとびとの仕事がなくしては、鯨と人間との接点はあり得ない。

さらに、はっとさせられたのは庄司さんのこの発言である。

「和田浦の解体現場での『捕鯨問題』は、報道機関への対応もふくめ、しばしば『四百年の伝統文化をもつがために許容されるべきだ』という結論に終わりがちです。しかし、果たして捕鯨のもつ役割を伝統文化を守るためだけに集約させてよいのか、と僕は思うのです。この『四百年続く伝統文化』を相対化する必要があるのではないか。

最近は、房州の土地で続いてきた仕事を健全な状態で後継者に引き継いだうえで死んでいこう、という感覚が強いのです。そもそも、かつての『家業を守る』という意識は、そのような覚悟をともなったものではなかったかと考えています」

土地の伝統をただ引き継ぐ捕鯨ではなく、鯨と個人との接点において捕鯨を捉え直す。現在の日本に、この視点をもちながら捕鯨に携わる人物が果たして何人いるだろうか。

覚悟をともなった捕鯨。それは、かつて日本人がおこなってきた捕鯨をあらわす言葉である。昭和九〜十年、南氷洋での遠洋捕鯨に乗り出して国際捕鯨船で捕鯨競争に奔走する以前、日本人は広大な網を張って鯨を追い込む網取り法など知恵を駆使しながら捕鯨をおこなってきた。それは、地球の資源は人間のためにあると考えて取り尽くそうとする近代捕鯨ではなく、鯨に感謝しながら共生をはかる捕鯨であったはずだ。

江戸時代、古式捕鯨がさかんにおこなわれた漁場のひとつ、かつての西海漁場を訪ねたことがある。

長崎県、生月島《いきつきしま》。平戸の北西に架かる生月大橋を渡ると、人口六千人の小さな島、生月島がある。江戸時代中期から明治時代初期、約百五十年にわたって古式捕鯨の一大拠点として興隆をきわめた歴史をもつ島だ。繁栄をもたらしたのは、江戸中期から末期、最盛期には三千人もの従事者を擁した日本最大の鯨組、益冨組。銛を使う突き捕り式捕鯨がおこなわれるようになると日本各地で組織捕鯨が確立されてゆくのだが、生月島では、もとは鮑の仲買を手がけていた畳屋又左衛門正勝が平戸藩主から益冨の姓を賜り、この島を本拠地として一大組織、益冨組を作り上げていった。

島の北部、御崎浦《みさきうら》に向かう。御崎浦捕鯨納屋場跡。享保十四年（一七二九）から明治三十年代まで益冨組の納屋場があり、波打ち際では鯨の解体がおこなわれていた場所だ。納屋場の守り神として祀られてきた岬神社の石祠の屋根には益冨組の船印と家紋が刻まれ、ありし日を偲ばせる。静まり返った浦を見渡していると、かつてここで繰り広げられた喧噪が蘇ってきて、不思議な感覚に襲われた。

浜辺に横たわる背美鯨《せみくじら》の巨体。轆轤《ろくろ》（人力ウインチ）を回して綱を引き、皮脂を剝がす男たちの姿。手に手に包丁を持つ男たちは魚切と呼ばれる。陸には、鯨の加工をおこなう大納屋。ゆだる釜。整然と置かれた木桶。周囲に所狭しと並ぶ小納屋、骨納屋、筋納屋、船や道具の補修をする小屋——捕鯨図説『勇魚取絵詞《いさなとりえことば》』（天保三年）に描かれた詳細な光景の数々がまぶたに浮かんでくる。あるいは、隊列を組んだ勢子船《せこぶね》が沖を目指し、銛を打ち込んだ鯨に泳いで近づいたハザシが包丁で鼻に穴を開ける光景。潜って逃げようとする鯨との死闘に勝負をつけ、鯨を曳いて戻ってくるときは、この海が赤く染まっただろう。「鯨一頭七浦をうるおす」といわれた祝祭の光景は、三陸海岸、遠州灘、土佐湾、西海地方の各地でもおなじだったはずだ。もちろん、房州沖でも。

そもそも資源の宝庫として捕り始めた鯨は、しだいに地場での食用として食べ始められた。益冨組が編纂した『鯨肉調味方』(天保三年)を繙《ひもと》くと、その多彩な調理法に驚かされる。「黒皮」ひとつとっても「薄く切て生醬油、又はいり酒にて食べし」「なべ焼きによし」「酒にてときたる味噌。又は醬油を付て。鋤焼きにすべし」「赤身」は薄く切って煮物にしたり、「二日ばかり味噌に漬たるを、焼て薄く切て用ふ」。生月島でおこなわれていた隠れキリシタンの行事では、祈りのオラショを唱えたあと、酒の肴として湯がいた皮鯨や赤身の角切りが使われていた。

舌。背の赤身。畝須《うねす》。鹿《か》の子。本皮。尾の身。尾羽。内臓は心臓、胃、肝臓、腎臓、肺、腸。それぞれ部位ごとに食べ分ける食文化が日本各地に伝えられている。房総の和田浦では、食用にするのはもっぱら赤身肉で、捕った鯨を海中に十八時間繫留するのは肉を柔らかくするための工夫である。ツチ鯨は海中に深く潜る習性があるため血液が多く、肉を切ると鉄分で赤黒く見えて見栄えがよくないとされたが、じっさい、さっと焙ったただけの肉は味や香りに多少のくせがあり、ほかの鯨と比較すると扱いにひと工夫が要求される鯨でもある。肉を切り、水分を抜いて乾かし、味つけして干す和田浦ならではの「たれ」は、ツチ鯨の個性の強さを生かす方法として長く伝えられてきた独特の保存食だ。さっと焙ってから裂いて嚙むと、ツチ鯨のうまみがじわじわ滲んで味が濃く、酒の肴にもうまい。いっぽう、北海道や宮城県では、船が入港するとすぐに解体し、鮮度のいい肉を硬いまま、刺身にする。新潟をはじめ東北地方では、塩漬けにした皮を戻し、こくのある鯨汁を食べる。佐賀の呼子《よぶこ》では軟骨を刻んで漬け込む松浦漬がつくられ、長崎では小腸を百尋《ひゃくひろ》と呼び、正月料理に欠かせない。かつて江戸では、年末の煤《すす》払いの日、塩漬けにした鯨の皮の入った鯨汁を食べるのが庶民の習慣だったし、大阪の関東煮《かんとだき》には、サエズリやコロが欠かせない……鯨の味わい方にも、それぞれの土地の特色がある。

骨や皮、ヒゲにいたるまであますところなく利用して、日本人は鯨から豊かな恩恵を受け取ってきた。かつて和田浦では、皮についた脂肪の層は釜で煎り、内臓と骨は大釜で炊いて絞った油を防虫剤として田んぼに散布した。皮の煎り滓は関西の関東煮に使うコロとして利用され、内臓の残渣《ざんさ》はチョッパーにかけて天日干しして肥料に加工し、骨は野積みにして乾燥させ、粉砕した骨粉を内房名産の枇杷の褒美肥《ほうびごえ》に活用していた。敗戦後、食糧難の時代に日本人の栄養を助けたのも鯨である。「いただきます」という食前の言葉は、鯨はもちろん、おびただしい数の人間が関わらなければ太刀打ちできない存在にたいする畏怖の感情を思い起こさせる。

雨音がいよいよ激しくなった。台風でもやってくるのかと怖じ気づくくらい、解体場のすぐ前の海が大きく揺れ動いて、上下する波は三角に尖っている。解体場には大きな屋根があるのだが、柱が立っているだけの素通しだから、四方からどしゃ降りの雨が吹き込んできて、声も物音もたちどころに雨音に消されてしまう。

午前七時半。解体場のまんなかに、いましがた海から揚げられたツチ鯨の巨体がどおんと横たわった。ひととおり計測が終わって木床が洗い清められると、にわかに男たちの動きがあわただしくなる。十二人の手に握られているのは、薙刀《なぎなた》に似た柄の長い大包丁。腰の革ベルトには、小刀が下がっている。

ツチ鯨の解体が始まった。まず、剝がした頭側の皮の先端に、ウインチから十メートル近く長く延びるロープが取り付けられた。

タオルで頭をしばった庄司さんがウインチのハンドルに手をかけ、大声で確認する。

「いいかなー」

「オッケーでーす」

「ハイ、じゃあ巻きまーす」

前方に横たわる巨体に視線を貼りつかせたまま、庄司さんがハンドルを操作し始めると、ロープに繫がった黒い表皮に覆われた分厚い脂肪層が、外側に向かって広がる扇のように反り返り、めりめりとめくれ始めた。

ばりばり、じゃくっ、じゃくっ。

生木が裂かれるような異様な音。なまなましい違和感に、ぎょっとする。身が力ずくで剝がされてゆく咆哮。全体の四分の一の身がめくり上げられると、分かれ目の部分が大包丁ですかさず掘りこまれ、切り離しのスピードがさらに加速する。硬質の皮に覆われた巨体を相手にする解体だから、ウインチで引くロープの動力、大包丁の手作業、両方を組み合わせて、初動のスピードと効率を高めるのだ。

役割分担が決まっているのだろう、数人が背の肉を背骨から剝がし、次に腹の肉を背骨から剝がす。頭部は、大包丁を刺し入れて切り離す。切っ先をざくっと入れ、刃の面積の広さを利用しながら渾身の力をこめて突き刺しては進め、手がかりをつかむ。尾羽とヒレが切り落とされ、どっと噴き出した血が流れ出て床が赤く染まるのをきっかけにして、尾とヒレの外れた巨体は黒い山になった。内臓を除くために輪切りにすると、どしゃーんと音を立ててひと繫がりの内臓が床になだれこんだ。

大包丁の刃をざぐ、ざぐ、ざぐ、脇から巧みに刺し込んで切り込みを入れる。迷いのない大きな動き。怖ろしいほどの切れ味だ。柄を握りしめて敏捷に腕を動かし、ざぐざぐ、ごしごし、的確に刃を進めてゆくと、皮の下からまったりと白い脂肪と赤い肉が現れた。濃いぶどう色というより、赤黒い肉。じっと見ていると息が荒れてくる獰猛な色なのだが、黒々と冷たく光る皮、厚い脂肪の白、肉の重い臙脂《えんじ》色、鮮烈なコントラストから目が離せず、ただ見入る。大包丁の動きはとても多彩だ。刺す。掘りこむ。引く。押す。剝がす。分ける。鯨は体温が高いから、切り分けるときに湯気が上がる。刃に脂肪がくっついて切れ味が鈍るのだろう、ときどき研ぐ作業をくわえながら、ひたすらに

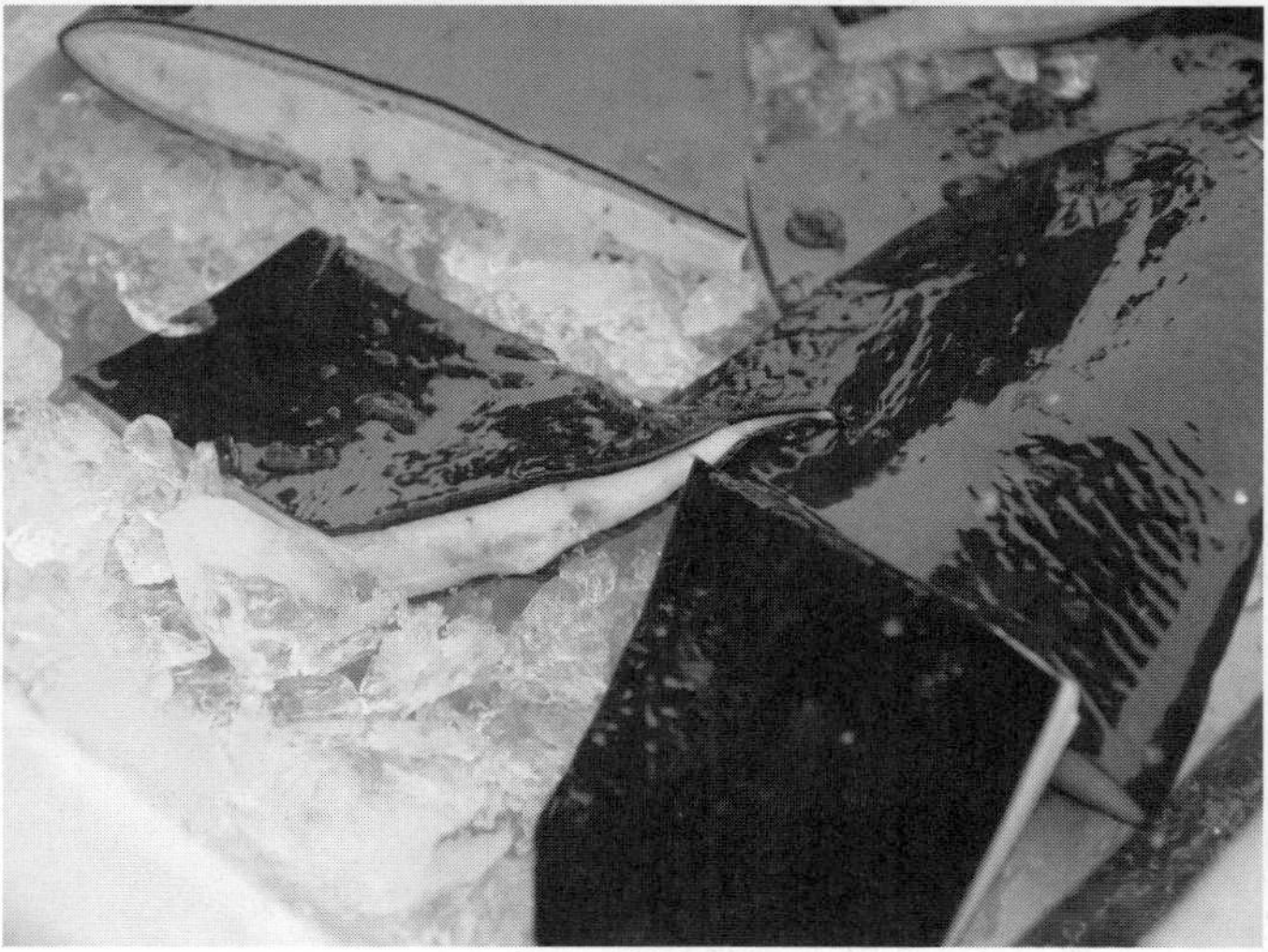

切り進む。

鯨が肉になってゆく。赤黒い肉がすっかり露わになると、解体の流れはウインチから人間の手に委ねられた。左右に開いた巨体のあいだに人間が入りこみ、すっぽりと身を埋めて内側から肉を切り出してゆくさまは、リアルな光景なのにどこかシュールでもある。日本人は、こんな途方もなく大きな動物を相手にしてきた。大の男が一丸となってかかっていった——そんな思いにとらわれていると、おかしな言い方かもしれないが、鯨と人間が一体になって共同作業をしているような感覚がせり上がってきた。腰をかがめてスイスイと断裁する大包丁に、鯨はすっかりと身を委ねているように見えてくる。ウインチの動力をのぞけば、鯨の解体は、江戸時代におこなわれていた方法とほぼ変わらない。頭を輪切りにし、背側と腹側の皮（脂肪層）を剝いで肉塊にし、その肉塊を二分の一に切り出し、さらに四分の一に切り分け、八分の一に仕立てる。包丁の刃が上下に動くたび、肉塊はむるむるぶるぶると揺れる。

作業が進むにつれ、あたりにむわあっと匂いが立ちこめていることに気づいた。重みをともなう、密度も濃度も深い匂い。海のすぐそばだけれど、これは漁港の匂いでもないし、魚の匂いでもない。どこかで嗅いだ匂いに似ていると思いながら記憶を探ると、東京・芝浦のと畜場に流れていた匂いに行き着いた。そのとき強烈に意識したのは、鯨は哺乳類であるということだ。哺乳類の肉の匂いが、解体場に沸き立っている。

男たちのチームワークがすごい。技量や経験によって各自の持ち場があらかじめ決まっているのだろうか、とくに相談や確認もなく、十二人がそれぞれ分担しながら、大包丁や小刀を操って粛々と解体を進めてゆく。よけいな言葉を発する者はだれもいない。ひとりずつの動きはばらばらだが、解体場全体を覆う空気には統率感と緊張が張りつめている。この緊張感は、全員が鋭い刃物を手にして動く危険によるものに違いない。床が木製になっているのは、床全体を大きなまな板として使うためだが、同時に足を滑らせない安全確保としても機能している。手を止めるとき、包丁を床に刺しこんで固定したり、手鉤《てかぎ》を丸柱に刺しておいたりもする。おたがいの動きを見誤ってぶつかったり滑ったりすれば、人命に関わる。海に出て捕るときも、解体するときも、鯨を相手にする仕事は、つねに危険と隣り合わせ。大包丁を持つ係は、長靴の先にアイゼンのような鉄製のツメを装着している。

解体作業が始まって三十分経つと、がらりと風景が変わった。大包丁を手にして鯨につき、肉の切り出しを進める者は四人。いっぽう、続々と切り出される肉や脂肪はかたわらの大きなまな板の上に置かれ、さらに小分けしたり、成形したり、裁割に携わる者が五人。ひと抱えもある電柱のようだった肉塊が、みるみる赤黒い直方体に裁断されてゆく。皮の下のぶあつい脂肪についた膜を削ぐと、角がツンと立った乳白色がとてもきれいだ。

仕上がった肉にぶっかき氷をかけて容器に収めてゆく者、解体場の外へ運搬する者。

「ホイ、ホイ」

声を掛けながら肉塊に鎌のカギを刺してリレーし、ぶっかき氷を詰めたバケツのなかにどんどん収めてゆく。ふと見ると、広い解体場の床いちめん、運び出しを待つ肉の断片がずらりと整列している。海側に近い解体場の端には、長い嘴のついたままの頭部だけがごろんと横たわる。そばに水産庁の職員の女性がしゃがみ、金づちを叩いて歯を採取し始めた。ゴンゴンゴン、何度も力いっぱい叩いてようやく歯が外れる。ゆうに五センチはある山型の象牙色。歯は、年齢を査定するための重要な手がかりになるそうだ。解体場のすみにでろりと置かれている内臓は、出荷される前にそれぞれの細部を切ってサンプル容器に保存し、資源管理のための調査に回される。

解体がすっかり終わった。わずか一時間前、どおんと黒い巨体を横たわらせていたツチ鯨の勇壮な気配はもうない。かわりに残ったのは長く太い背骨が一本だけ。隆起のまわりに赤い肉をつけたでかい蛇にもみえる背骨の連なりにロープの先端の鉤を取り付け、ウインチが操作されると、ずるずる、ずるずる、解体場の脇のほうへ移動し、そのあと脊髄に沿って大包丁で小分けされた。

床に勢いよく水が噴射され、掃除が終わってこざっぱりと片づいた。入り口付近に氷詰めの鯨肉のバケツや容器が積み上げられ、トラックで運ばれてゆく。

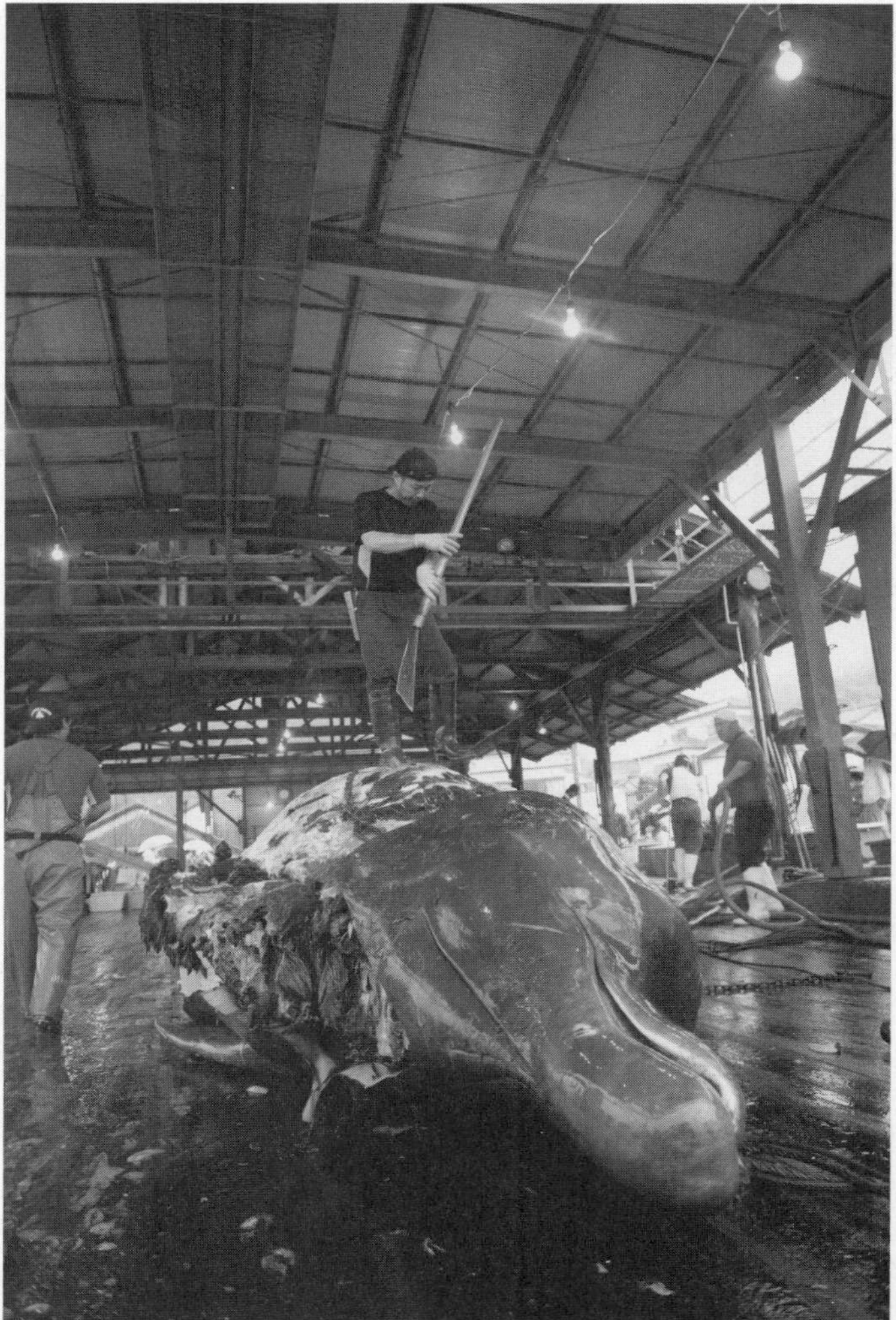

「ハイお疲れさまでした」

庄司さんが男たちをねぎらう声が、解体場に響いた。漁期最初の一頭をぶじに解体し終えた安堵が伝わってくる。海中から引き揚げたツチ鯨が一本の背骨になるまでを見届けたあと、私はこんな言葉を取材ノートに走り書きしている。

「神聖な場所　聖域のよう」

聖域。それは、海上の捕鯨船の甲板、砲手が狙い定めて発射した捕鯨砲で仕留めた瞬間に生まれているのだろう。海上でも、解体場でも、捕鯨に携わるひとびとはみな命を危険にさらしながら巨大な動物に向き合っていると無言のうちに伝わって粛然とさせられたから、私はとっさに手に握ったボールペンで「神聖な場所」と書きつけたのだといま思う。

どしゃ降りの雨足が弱まりかけていた。買い付けに来た業者のトラックが数台並んで、氷詰めの肉を運んでゆく。和田浦では、地元のひとも買いにくる。

解体場の外、黒板に白墨で告知の文字。

「お知らせ　本日の鯨肉の販売時間　9：00頃ヨリ販売致します」

続々と土地のひとたちが集まってきて、あっという間に長蛇の列ができた。

「正肉」一キロ二千円台、「ハギ」一キロ千円台後半。

「六キロください。三キロのかたまりふたつで」

「今日のは若い鯨かね。匂いが薄い感じがする」

　買うほうも馴れたものだ。それぞれの注文に応じて手早く肉のかたまりが切り出され、クーラーボックスや買物かごに収まって売れてゆく。今夜さっそく、今年最初の鯨が和田浦の食卓をにぎわせるのだろう。

　鯨が捕れると、外房捕鯨の解体場は授業の場になる。いっしょに解体を取り囲んで見ていた小学五年生の生徒たちに訊いてみた。どうだった、鯨の解体？

「すごかった」

「見なかったら何にも思わずに食べてた」

「びゅーって血がホースみたいに噴き出したとき、きゃーってなった」

「いつか自分もやってみたいと思った」

「見てたら鯨がかわいそうと思ったけど、切ってるひとにありがとうって思った」

「解体してもらってうれしい気持ちがした」

　自分が食べる鯨のステーキや竜田揚げ、食卓をにぎわせる香ばしい「たれ」が、目の前で解体されてゆく鯨に直結している。

　その昼に開かれた学習会で、五年生の男の子が手を挙げ、庄司さんに質問を投げかけた。

「どうして人間は鯨を食べるんですか」

「それはね」

庄司さんが応じる。

「それはね、ひとつには食物連鎖という大きな流れがあるからだよ。人間も動物も、みんなおたがいに命をもらいながら生きてきた。ぼくたちの先祖も、ぼくたちも、そうやって命を保っている。その食物連鎖のなかで、鯨は人間にたんぱく質をくれています」

鯨という動物の底知れぬ豊かさを多くのひとびとと共有できるよう、おいしい肉を地道に提供し続けること。鯨の価値を失わせないこと。そのためにおこなわれる南房総・和田浦のツチ鯨の捕鯨である。

解体が終わったあとの販売の光景が忘れられない。「二キロください」「三・五キロください」、列が進んで注文が入るたび、肉を切り分け、秤に載せて計量し、ビニール袋やクーラーボックスにどさりと音を立ててむきだしの赤黒い塊がおさまり、金銭と交換されるようす。人間が狩りによって生き長らえていた時代、たとえばこのようにして動物の肉は手から手へ分配され、交換され、贈り贈られていたのだろう。

初夏の和田浦で私が目にしたのは、鯨と人間の関わりの一部分だ。どしゃ降りの雨はすっかり止んでいた。

MARUDAI

解説 肉食の背後にあるもの

角幡唯介

私は毎年北極探検にかよっているので、肉食と聞くとどうしてもイヌイットの食事のことが頭にうかぶ。

私の根拠地はグリーンランドのシオラパルクという、四十人ほどのイヌイットが暮らす世界最北の集落である。この村にかよいはじめたのは二〇一四年冬からだが、その食文化にはやはり強烈なインパクトがあった。

農業ができない北極の地で暮らすイヌイットは、いうまでもなく動物の肉だけをたよりに生きてきた正真正銘の狩猟民だ。ビタミンを摂取するため生肉や生肝臓をこのみ、ときにはドラキュラのように血そのものを旨そうに舐めたりもする。

当然珍味には事欠かない。たとえば狩りの難しい冬（北極の冬は太陽の昇らない暗黒の極夜だ）を乗りきるため、小型の渡り鳥を海豹《アザラシ》の皮のなかで発酵させるキビヤはその代表格だ。強烈な発酵臭をはなつ生肉を口を血まみれにしながら内臓まで食べるため、見た目はおぞましいが、慣れると脂ののった生肉はクリームチーズのようにまろやかで忘れられない。日本に帰国して一番恋しくなるのがこのキビヤだ。キビヤ好きが昂じて、私はかならず日本にもどる前に鳥を捕獲し、海豹の皮袋につめ、次シーズンのキビヤを作ってから帰国するようになった。

海象《セイウチ》の胃袋のなかにたまった未消化の二枚貝も絶品だが、こちらは村人にとってもごちそうなのでなかなか分けてくれない。海豹の目玉は狩りの途中での水分補給のための食材で、鯨の皮はマッタといってビタミンが豊富なごちそうだ。鯨、海豹、海象といった主食のほか、狼、白熊、狐、馴鹿《トナカイ》、麝香牛と何でもござれ、食べない動物は犬ぐらいだ。いまもボートや犬橇で周辺の猟場をまわり、海獣類を狩猟して暮らす彼らこそ、地球上でもっとも徹底した肉食主義者といってさしつかえないだろう。

ただ私にとって強烈だったのは肉食そのものというより、肉食にともなう村の風景だった。

彼らは毎日のように猟に出て海豹や海象や鯨を仕留め、それを村の砂浜に引っ張ってきて解体する。海象や鯨のような大物ともなると、村の女子供が総出でまわりをとりかこみ、熱い息を吐き、甲高い歓声をあげながら、血まみれの解体作業を興奮の眼差しでみつめる。解体がおわり、ブロック状の塊に切り分けられた肉は、そのまま各自の貯蔵庫や自宅にむかう。肉塊のなかにはその日の夕食のテーブルにのって村人の胃袋におさまるものもあれば、天井に吊るされ、さらに細かく切断されて飢えた犬のもとにはこばれるものもある。要するにここでは、動物の死が人間（と犬）の生に転換する全プロセスが、目の前でむき出しになっている。生と死の循環がおもむろに可視化されているのだ。

私の命は、いまここで死んだ獣の命により成りたっている――。

目の前で獲物が肉塊となり、その日の晩には自分の口にはこばれるわけだから、この事実には有無をいわさぬ迫力があった。狩りをすることで動物の生が死に転換し、その肉を食することで動物の死が自分の生に転換する。肉を介して命がぐるぐると循環する。狩猟民社会では生と死の境界線はじつにあいまいだ。さきほど自分の肉体の一部となった海豹の生首を、犬が愛おしそうに口にくわえている。解体された母親の胎内からとりだされた海象の巨大な胎児が、無造作に、誰に顧みられることもなく砂浜にころがっている。そこでは善悪を超越した、生きることの残酷さとやさしさが同居していた。日本の都市生活では隠蔽された生きることの基本事項が、露骨に、でも静かに、平然と、日常のあちこちにころがっているのだった。

彼らの生活に影響をうけた私は、じきに彼らのように狩りをしながら犬橇で長い旅をするようになった。顔の知らないどこかの誰かが屠畜した豚や牛の肉を食べて旅をしても、その旅は、私という人間を構成する物理的主要成分たる私の肉にはたどりつかない。私は生きることを感じるために旅をしているのに、それではまったくもって不完全な気がした。生きる存在としての私の肉体。そして生きる営為としての旅。両者がダイレクトに結びつくためには、どうしても自分の手で狩りをしなければならなかった。

毎年、海豹や白熊を追いかけて氷原を流浪するうち、私はある重要な事実に気づくようになった。それは、狩りというものは、環境と調和しなければうまくいかないし、調和したうえでとれた獲物でないと狩りの真の喜びはえられない、ということである。

海豹には海豹の生態や習性がある。それを知ったうえで海豹の猟場に行き、その挙動から心理を推察しながら接近する。獲物や土地にたいする知識をたくわえ、それを読み解いたうえで狩りに成功したとき、その狩りには、たまたま出会って仕留めることができた単なる偶然の成功とは別次元の喜びがあった。

のちに私は日本でも猟銃をもって鹿を追うようになったが、そこでもおなじ感覚をあじわった。

藪や樹木のなかで獣を追う森の狩猟は、極地での氷上の狩猟とは方法論がまったくことなる。最初は木々のなかにひそむ鹿を見分けることができず、ピーという警戒音や、走って逃げる姿を見てはじめて鹿に気づくことがつづいた。でも当然のことながら、それでは狩りはうまくいかない。やがて私は、鹿に逃げられるのは、自分が森のなかで不自然な存在であるからだと考えるようになった。人間の動きは森では不自然だ。私も人間ではなく鹿にならないと接近できない。私は人間としての内実を消し、自らが鹿であることを意識し、鹿のように歩きながら餌場にむかった。不思議なことに、意識するだけで、まるで自分が透明な存在となり、肉体の穴に森の風が吹き抜けているような感覚となった。すぐそこに鹿がいる。気配を感じながら、小さな沢から岸の斜面をゆっくりとあがると、わずか二十メートル先に雌の群れがリラックスした状態で草を食んでいた。

狩りに成功すること。それは自然の征服ではなく、自然からの祝福だ。私がこのとき知ったのは、そのことであった。なぜ祝福なのか。それは森のなかで自然な存在になれたとき、はじめて鹿は獲れるからである。森との調和がイコール鹿の死なのだ。

森と一体化し、森にとって清浄な存在になれたとき、その森の生き物たる鹿が死ぬ。この残酷で矛盾している生の摂理は、理性を重視する近代的価値観では絶対に説明することができないだろう。でも現実として、私たちの命は、この矛盾と残酷さのうえで成りたっている。狩猟と肉食にともなう暴力性と残酷さは、私たちの命を作り出してくれている以上、どこかで神聖さに転換されなければならない。これはおそらく人類が最初に直面した思想上の課題だったはずだ。動物の命をいただくことは、人間にとって聖なる行為でなければならないのである。

本書を読みながら一貫して考えたのは、肉を食べるという行為の背後にひろがる、このような、業とでもよびたくなるような人間と動物の関わりあいの深さであった。畜産業に携わる者でも、狩猟をおこなう者でも、その点についてはかわらない。

〈「あるとき羊の味が変わったな、と思いました。優しくて、おだやかな味になった。なぜだろうと考えると、ちょうど鎌田さんが飼育を任され始めた頃でした。彼は羊を愛している。羊が安心している味なんですよね。……」〉

これは〈1章　羊〉に出てくる北海道・茶路めん羊牧場のことをよく知る人の言葉であるが、羊を愛すれば愛するほど、殺したときの肉質がやさしくなるわけだから、平松さんがいうように〈すさまじい話〉である。

ところが本書においては、このすさまじさが全編にわたり一貫しているのだ。つづく〈2章　猪〉では島根・美郷町の猪駆除の例が紹介されるが、その努力のなかにも同様のすさまじさが底流としてある。

美郷町の農家は猪の獣害をとめるために、これまでの自分たちの農業のあり方を真摯に反省し、勉強し、努力し、地域や畑づくりのあり方を根本から見直し、野生動物が近づきたくないような仕組みに変えた。つまり猪の行動を変えるのではなく、自分たちの暮らしを変えたのだから、これはまさに自然との調和とよぶにふさわしい行動である。でもその結果として駆除が進み、うまい猪の肉が獲れるようになりブランド化されたのだから、調和により猪が死んだともいえる。自然との調和とか、動物との共生というときれいごとに聞こえるが、本当の調和や共生はきれいごとではすまされない、人間側にも動物側にも覚悟と変革をせまるすさまじい話なのだ。でも、そうしないとわれわれは自然のなかで生きることはできないのである。

肉食には、単に栄養分を摂取することを目的とした生理学的行為にとどまらない意味がある。それは自然とよりよく付きあい、自らを自然のなかに位置づけ、正しい存在として律するための、人間としての根源的な文化的いとなみである。

そしてこのいとなみの深さは、ずばり味にあらわれる。

おそらく平松さんが本書で一番いいたかったのは、この点なのではないだろうか。旨い肉にはかならず理由がある。本書で書かれるその理由とは、つぎの三点だ。

①その動物が自然の摂理にのっとった正しい生活をおくっているとき、その肉は旨い。

②その動物と人間が正しくつきあい、互いが深く調和しているとき、その肉は旨い。

③料理人がその肉の特性を熟知し、その特性にそった正しいさばきかたをしているとき、その肉は旨い。

本書に登場する肉はすべて旨そうであるが、それは、肉の旨さの背後にこの三つの条件がすべてそろっているからである。この三点を書き尽くしたうえで、平松さんは肉の味を堪能している。本書はありふれた食ルポではない。肉に人生をからめとられた人間模様を描きだすところに力が込められているが、その理由もこうしたところにあるのではないだろうか。

（探検家・作家）

謝辞

長期にわたる取材・執筆において、各地の取材先で多くの方々のご協力ならびに貴重なご示唆をいただきました。心から御礼を申し上げます。みなさまの寛大なご理解とご支援があればこそ、一冊の書籍として刊行の運びに至りました。また、連載時から書籍化にいたる過程で、五十畑実紗、内山夏帆、榎本麻美、大久保明子、大沼貴之、児玉藍、鈴木七絵、武田昇、三阪直弘、山本浩貴（以上「文藝春秋」敬称略、五十音順）、みやぎちか、各氏のお世話になりました。

文庫化に際し、解説文を角幡唯介さんにご寄稿いただきました。探検家・作家として、自然界と人間との接合点を生きる角幡さんの解説が本書の存在と意味を着地させて下さり、著者冥利に尽きます。そのなかの一文、肉食とは「自然とよりよく付きあい、自らを自然のなかに位置づけ、正しい存在として律するための、人間としての根源的な文化的いとなみ」。角幡さんの言葉を胸に刻みました。カバー画には、ミロコマチコさんが、自然界すべての生命に通じる荒ぶるタマシイを描いてくださいました。ミロコさんの描く鯨の目が人間のいとなみをまっすぐ問いかけてきます。また、編集にあたって、文庫編集部、山口由紀子さんがご尽力くださいました。

本書に関わってくださったすべての方々に感謝を申し上げます。ありがとうございました。

著者

文春文庫

肉《にく》とすっぽん
日本《にほん》ソウルミート紀行《きこう》

定価はカバーに
表示してあります

2023年3月10日　第1刷

著　者　平《ひら》松《まつ》洋《よう》子《こ》
発行者　大沼貴之
発行所　株式会社 文藝春秋

東京都千代田区紀尾井町3-23　〒102-8008
TEL 03・3265・1211㈹
文藝春秋ホームページ　http://www.bunshun.co.jp

落丁、乱丁本は、お手数ですが小社製作部宛お送り下さい。送料小社負担でお取替致します。

印刷製本・凸版印刷
Printed in Japan
ISBN978-4-16-792015-9